ePublishing Trends
Digitaal uitgeven in perspectief

Jan Bierhoff (redactie)

TER INTRODUCTIE

De moderne mediamanager is een schaker op vele velden. Met de komst van Internet zijn de meeste zekerheden in het vak weggevallen. Is er nog wel toekomst voor de professionele informatie-intermediair? Waar zit de winst als vrijwel iedereen gratis nieuws verspreidt? Print, audio, video, wordt het een grote multimediamix? De match tussen het klassieke, papieren uitgeven en allerlei vormen van digitaal publiceren (e-publishing) is in volle gang. Waar ligt de winst? Wie het weet mag het zeggen. Maar niemand weet het, precies.

De mediatoekomst mag dan ongewis zijn, de meeste journalisten en andere vakgenoten hebben er wel een eigen opinie over. Vandaar de vele blogs, allerlei experimentele projecten, veel verkennend onderzoek en een levendige conferentiepraktijk. De onderzoekers van het FLEET-projectteam beogen met deze publicatie overzicht te bieden van het professionele debat en meer algemeen van de diverse innovatieve ontwikkelingen in communicatieland, met een nadruk op de positie van de gedrukte media. Als houvast voor de speurende mediamaker, als oriëntatiepunt voor al die nieuwkomers op de informatiemarkt en als inleidende tekst voor studenten aan media- en communicatieopleidingen in Vlaanderen en Nederland.

De rode draad door een zeventigtal korte bijdragen is: hoe transformeren de klassieke gedrukte media, dagbladen voorop, naar een tijdperk gedomineerd door elektronisch uitgeven? De trends die we 'flaggen', kort signaleren, zijn ondergebracht in een vijftal luiken: 'technologische vernieuwing', 'innovatieve bedrijfsmodellen', 'juridische implicaties', 'journalistieke kwaliteit' en 'evoluerend mediabeleid'. Daarmee komen de bepalende evoluties adequaat aan de orde. Informatietechnologie (ICT) is zowel katalysator van als vormgever aan het fenomeen digitaal uitgeven (e-publishing). In het economisch getinte luik over innovatieve bedrijfsmodellen komt pregnant de vraag naar de betaalbaarheid van online content aan bod. De juridische ongrijpbaarheid van het internet stelt veel in vraag, biedt weinig houvast, en vraagt daarom om toelichting. De inhoudelijke consequenties van dit geheel nieuwe journalistieke ecosysteem passeren de revue in het hoofdstuk over kwaliteit in de media. In het vijfde luik worden vervolgens de belangrijkste uitdagingen voor beleidsmakers op een rijtje gezet.

De veelheid en diversiteit van onderwerpen in deze publicatie vraagt om enige ordening. In ieder luik stellen we daarom in een vast patroon zowel de meest actuele thema's (buzzwords), de organisatorische implicaties (actoren) als richtinggevende termijnontwikkelingen (kaders) aan de orde in beknopte, toegankelijke teksten. Waar relevant worden suggesties voor meer gedetailleerde informatie gegeven.

Deze FLEET-publicatie is een voorbeeld van 'reverse innovation': 'e-Publishing Trends' is aanvankelijk ontworpen als een online product, inclusief allerlei zoek en doorlink-faciliteiten, en wordt nu als service ook in druk uitgebracht. De online versie kan uiteraard blijvend geraadpleegd worden via de projectwebsite www.fleetproject.be. Op die locatie zal ook de komende tijd nog actualisering van teksten plaatsvinden. Op de genoemde site treft u verder allerlei andere producten aan van de FLEET-onderzoekers (zie de bijlage met beknopte projectomschrijving).

Tenslotte: de vorsers van het FLEET-team laten zich graag informeren over gewenste aanpassingen, preciseringen of correcties op de hier geboden informatie. Iedere vorm van feedback wordt zeer op prijs gesteld.

Brussel, november 2009

Hans de Canck hans.de.canck@vub.ac.be
Jan Bierhoff jan.bierhoff@hszuyd.nl

Coördinatoren FLEET

TECHNOLOGISCHE VERNIEUWING

Nils Walravens

BUZZWORDS

Het gereedschap van de burgerjournalist
Drukken op maat
Personalisering: altijd je eigen keus
Sociale media: vrienden en volgers
Nieuws onderweg

ACTOREN

Knippen en plakken
Van hardware naar service
Open source: all together now
Peer publishing en publicatieplatforms

KADERS

Convergentie 2.0
Eenheid in medialand: standaardisatie
Samen of alleen? De groei van platforms
Rechten: van mij of van jou?
Internet verandert van natuur

BUZZWORDS

Het gereedschap van de burgerjournalist

Met de komst van internet is er in het medialandschap een nieuwe vorm van convergentie ontstaan die je zou kunnen omschrijven als 'culturele convergentie'. Een onderdeel van culturele convergentie is de zogenaamde 'participatiecultuur' die verwijst naar de vervaging van de grenzen tussen maker en gebruiker van media, tussen professional en amateur, tussen 'publiek' en 'journalistiek'.

Vertaald naar de journalistiek komt men snel de term 'citizen journalism' tegen als een belangrijke trend, waarbij een meer participerend of (co-) producerend mediapubliek vooral online tot expressie komt. Daar waar mensen voorheen hun stem alleen konden laten horen via een geschreven brief aan de redactie, bieden nieuwe technologieën talrijke mogelijkheden om zonder veel moeite direct op artikelen te reageren en zelf redactionele inhoud te creëren. De belangrijkste tools die deze trend faciliteren zijn commentaarsystemen, blogs en sociale netwerken.

Daarenboven wordt de toegang tot deze diensten steeds makkelijker. Zo kunnen participerende gebruikers (de term prosumer wordt ook aangehaald als combinatie van 'producer' en 'consumer') gebruik maken van gratis online diensten, zoals Blogger (Google) en Wordpress. Daarmee kunnen ook gebruikers die geen ervaring hebben met het maken van webpagina's toch op een gemakkelijke manier, via een web-interface, hun artikelen, foto's, audio of video's uploaden.

Culturele convergentie roept een aantal vragen op over de toekomst van de professionele journalistiek, de breed geaccepteerde beroepsnormen en ook impliciete waarden van journalisten.

Referentie:
http://www.convergenceculture.org/aboutc3/convergence.php

Drukken op maat

Technologieën op het gebied van digitaal drukken introduceren een toenemende flexibiliteit binnen de verschillende niveaus van het drukproces. Indien deze voorzieningen gekoppeld worden aan elektronische netwerken ontstaan mogelijkheden voor 'printing on demand'. In de variant van 'self-publishing' biedt deze technologie individuele auteurs de mogelijkheid, zonder tussenkomst van een uitgever zelf hun werk uit te geven, wat voorlopig nog niet op grote schaal gebeurt maar wel aan populariteit wint, met een aantal succesverhalen. Een voorbeeld van een website die self-publishing voor auteurs aanbiedt is lulu.com.

De beroepsgroep waarop print-on-demand de meeste impact heeft zijn de uitgevers en boekverkopers. Zij hebben nu de mogelijkheid te experimenteren met nieuwe, veel kleinschaliger en flexibeler bedrijfsmodellen, maar ook kansen om kosten te besparen. Boeken en andere tekstuele content kunnen nu onmiddellijk gedrukt worden wanneer er vraag is van de consument. Op die manier kunnen onnodige kosten vermeden worden. Een voorbeeld van een bedrijf dat print-on-demand diensten aan uitgevers en verkopers aanbiedt is Lightning Source. Een online verkoper die veelvuldig van de technologie gebruik maakt is Amazon.

Referentie: http://www.lightningsource.com/, http://www lulu.com

Personalisering: altijd je eigen keus

Een ontwikkeling als internet vraagt bij het aanbieden van grote hoeveelheden informatie om toepassingen waarbij de distributie van informatie steeds meer maatwerk kan worden. Een standaard die reeds enkele jaren bestaat is RSS wat staat voor 'Really Simple Syndication' of 'Rich Site Summary'. Elke hedendaagse nieuwssite biedt een RSS-feed aan waarop gebruikers zich via hun browser, mailprogramma of een desktop-client kunnen abonneren. Zo wordt het voor een gebruiker makkelijk om op de hoogte te blijven van een aantal specifieke sites die hem interesseren; telkens wanneer er een nieuw bericht verschijnt, komt dit in de RSS-lezer van de eindgebruiker terecht. RSS is gebaseerd op XML, de universele 'taal' waarmee het mogelijk is om op eenduidige wijze aan te geven wat het type inhoud is van bepaalde gegevens op een pagina (bijvoorbeeld of het gaat om een 'titel', een 'link' of een 'artikel'). RSS is vooral populair bij meer geoefende internetgebruikers, maar het gebruik ervan is zeer makkelijk geworden via browsers als Opera, Safari en Firefox, via email-clients als Mail en Outlook en via online tools als Google Reader.

In het algemeen duiken meer trends richting personalisering van online content op. Dit weerspiegelt zich bijvoorbeeld in 'recommender' systemen die aanbevelingen geven gebaseerd op het gedrag van een gebruiker zoals iTunes Genius voor muziek of op Amazon voor de aankoop van allerhande producten. In de online consumptie van verschillende soorten content kan de gepersonaliseerde homepagina iGoogle als voorbeeld dienen. Maar ook in de nieuwsconsumptie vindt men deze trend terug in het 'customisen' van pagina's naargelang de interesses van de gebruiker, zij het automatisch of door het aangeven van een aantal rubrieken. Een Vlaams voorbeeld hiervan is de website nieuws.be.

Referentie:
nieuws.be, igoogle.com,
http://www.xml.com/pub/a/2002/12/18/dive-into-xml.html

Sociale media: vrienden en volgers

In een tijdspanne van enkele jaren hebben online sociale media of sociale netwerken sterk aan populariteit gewonnen, met als bekende voorbeelden MySpace, Last.fm, Facebook, Digg, Orkut, Delicious, Friendfeed, Netlog, Twitter, Stumblr, LinkedIn etc. Hoewel deze verschillende netwerken soms uiteenlopende basistoepassingen hebben, lijkt een trend dat ze steeds meer ingezet worden als middel voor gebruikers om 'breaking news' mee te delen aan hun netwerk van vrienden of volgers.

Een interessant fenomeen dat aangeeft dat de traditionele nieuwsproducenten deze trend erkennen is dat op hun websites steeds vaker tools worden aangeboden om nieuwsberichten makkelijker te delen op sociale netwerken. Zo kan een gebruiker met een klik op een knop onmiddellijk een nieuwsitem op zijn of haar profiel posten, op een sociaal netwerk naar keuze. Op die manier worden nieuwsitems via een 'alternatief circuit' aan een steeds groeiend netwerk van gelinkte personen verspreid waardoor sociale netwerken ook als nieuwsbron gaan dienen voor bepaalde gebruikers. Een opmerkelijk voorbeeld is Twitter, waarop berichtjes niet langer dan 140 karakters gedeeld worden door gebruikers, maar steeds meer ook door 'traditionele' nieuwsleveranciers. Gebruikers volgen elkaars 'tweets' die in een lange rij achter elkaar verschijnen. Dit maakt van Twitter een sociale tool die vooral ingezet wordt om op het moment van een gebeurtenis nieuws te delen of erop te reageren.

Twitter en de News Feed van Facebook worden als voorbeelden aangehaald van een trend in sociale online media, onder de noemer het 'real-time web'. Hiermee wordt verwezen naar het feit dat een gebruiker een update krijgt van zo gauw deze gepubliceerd wordt, zonder dat zijn systeem voortdurend moet controleren of er aanpassingen zijn: push versus pull. Een meer recent voorbeeld hiervan is 'PuhSubHubub' (Publish/subscribe) dat door Google gelanceerd is. Het is een serverprotocol dat gebaseerd is op RSS (zie eerder) maar dat het mogelijk maakt updates op de server naar een client te 'pushen' in plaats van dat deze op bepaalde momenten op updates controleert. Een ander voorbeeld is RSSCloud dat recent door blogdienst WordPress ingeschakeld werd om blogupdates onmiddellijk te verspreiden. Op deze manier wordt het web dus reactiever en kan een gebruiker updates ontvangen zo gauw deze verschijnen. Zeker in de nieuwssector is het 'real-time web' een belangrijke evolutie om op te volgen.

Referentie:
http://code.google.com/p/pubsubhubbub/, www.twitter.com, rsscloud.org

Nieuws onderweg

De laatste jaren zijn mobiele datadiensten voortdurend populairder geworden en - wat gebruikersgemak betreft - doorgebroken na de introductie van de iPhone van Apple. Dit toestel maakt het mobiele internet op een makkelijke manier toegankelijk voor gebruikers, en met de lancering van de App Store werd het mogelijk voor softwareontwikkelaars om applicaties te ontwikkelen die verschillende diensten ontsloten aan eindgebruikers. Zo zijn er vandaag verschillende nieuwsapplicaties beschikbaar die verschillende types nieuwscontent (tekst, audio en video) mobiel te maken. Daarnaast worden nieuwswebsites ook aangepast voor mobiele browsers, waardoor ook andere mobiele toestellen die over een simpele browser beschikken toegang krijgen tot mobiel online nieuws. Hoewel de impact van de iPhone niet overschat mag worden, heeft de introductie van het toestel wel een innovatiegolf (wat gebruikersgemak betreft) door de telecomindustrie gestuurd, die aanleiding heeft gegeven tot het verschijnen van nieuwe mobiele diensten en nieuwe mobiele toestellen.

Een andere evolutie in de mobiele content-consumptie (die reeds lang aangekondigd wordt) speelt zich af op het vlak van hardware en meer specifiek de schermtechnologie. Het zogenaamde e-paper is zeer energiezuinig, heeft geen aparte verlichting nodig, kan in direct zonlicht gelezen worden en vertoont dus veel kenmerken van gewoon papier. De achterliggende technologie heet 'e-Ink': een voor elektrische impulsen gevoelige laag op een flexibele ondergrond, waarmee teksten en afbeeldingen zichtbaar kunnen worden gemaakt. In de laatste jaren hebben fabrikanten als iRex en Sony een aantal e-readers in de markt gezet, met matig succes. De prijzen waren hoog en vaak ontbrak een goed contentaanbod. De e-readermarkt kreeg een nieuwe impuls onder invloed van Amazon's Kindle: een e-reader waarop boeken rechtstreeks vanuit de Amazon online winkel konden worden aangekocht via een draadloze verbinding, en waarmee gebruikers zich konden abonneren op grote nieuwssites en blogs. Het toestel won aan populariteit met de lancering van een tweede versie en in oktober 2009 lanceerde Amazon de Kindle ook buiten de VS. Ook andere spelers zoals boekenreus Barnes & Noble zitten niet stil, met de recente lancering van een e-reader, de Nook, die een e-ink scherm combineert met een lcd kleurendisplay om meerdere toepassingen mogelijk te maken. Dit apparaat - en nog vele andere toestellen - bevat een draadloze connectie die het makkelijk maakt nieuwe content te downloaden en soms ook te surfen op het internet. Het valt te verwachten dat e-readers verder zullen evolueren (bewegend beeld, kleurenscherm) en aantrekkelijke producten worden voor eindgebruikers, ook voor hun nieuwsconsumptie.

Een derde trend in de mobiele sfeer is de proliferatie van de zogenaamde 'netbooks', kleine laptops die weinig stroom verbruiken, over een LCD-scherm beschikken en minstens voorzien zijn van WiFi (steeds vaker ook een 3G-netwerkverbinding). De draagbaarheid en connectiviteit maken deze kleine computers erg geschikt voor mobiele nieuwsconsumptie. Hieraan gerelateerd zijn de draagbare spelconsoles zoals de Nintendo DS en Sony PSP (en PSP Go).

Beide toestellen zijn voorzien van WiFi en een browser, wat hen ook weer geschikt maakt om mobiel toegang tot nieuws te krijgen.

In het algemeen neemt de mobiele consumptie van nieuws dus steeds toe, op verschillende types hardware, en op verschillende standaarden. Nieuwsproducenten zullen dus aan de ene kant rekening moeten houden met de technologische implicaties (type browser, verschillende standaarden etc.) en aan de andere kant met de veranderde context van de lezer die steeds meer mobiel informatie consumeert.

ACTOREN

Knippen en plakken

De opkomst van het internet heeft niet enkel impact op de manier waarop content verspreid word, maar ook op de media-inhoud zelf. Waar in de fysieke wereld content vaak als een ondeelbaar geheel wordt aangeboden aan consumenten, vervagen de grenzen op het internet en wordt informatie makkelijker op te delen in kleinere hapklare brokken. Hiernaar wordt ook verwezen als het ontbundelen van content.

Door deze ontbundeling kunnen de kleinere 'mediabrokjes' geaggregeerd en opnieuw geconstrueerd worden op zeer efficiënte manieren, zoals via blogs, podcasts en RSS feeds. Hierdoor ontstaat er een veel groter en meer gefragmenteerd mediaanbod waar de gebruiker zich een weg door dient te banen en waardoor zijn aandacht verdeeld wordt. Door technologische convergentie krijgen gebruikers bovendien de mogelijkheid deze gefragmenteerde content op verschillende apparaten en in verschillende contexten te consumeren. Deze ontbundeling maakt daarnaast ook mogelijk links te leggen tussen online en 'offline' media. Zo kunnen de internet- en fysieke varianten van een product elkaar versterken, indien ze op een relevante manier uitgewerkt en aan elkaar gekoppeld worden.

Deze evolutie heeft mee aanleiding gegeven tot de groei van zogenoemde aggregatoren op (en rond) het internet. Aggregatoren 'herbundelen' gefragmenteerde content en leveren ze opnieuw aan via nieuwe platforms en/of nieuwe standaarden. Enkel aggregeren is echter onvoldoende om genoeg waarde te creëren om gebruikers aan te trekken. De enorme hoeveelheid informatie dient op een toegankelijke manier aangeboden te worden, bijvoorbeeld op basis van de voorkeuren en verwachtingen van de gebruiker. 'Slimme' aggregatoren doen dit door rijke metadata aan te wenden om gebruikers de geschikte informatie op het juiste moment aan te reiken en zo meer waarde te genereren. Zo kunnen ze bijvoorbeeld aanbevelingen doen op basis van een gebruikersprofiel of -gedrag, gebruikers in contact brengen met elkaar, overeenkomsten en verschillen met andere gebruikers weergeven etc.
Voorbeelden van succesvolle aggregatoren zijn iTunes, Google en Amazon, die alle op een slimme manier met metadata omgaan

om content te ontsluiten. Apple lanceerde bijvoorbeeld de 'Genius' functie voor iTunes. Genius creëert een afspeellijst van gelijkaardige *tracks* op basis van een nummer dat door de gebruiker gekozen wordt.

Voor de nieuwssector is het duidelijk dat de rol van Google, als een van de belangrijkste content-aggregatoren op het web, erg dubbel is, en meer specifiek de dienst Google News. Deze dienst indexeert nieuwsberichten en biedt gebruikers een gratis pagina aan waarop content van grote en kleine nieuwsproducenten uit heel de wereld samengebracht wordt. Dit heeft voor de producenten als voordeel dat er meer naar hun sites gelinkt wordt, maar ook dat gebruikers vaak op de pagina van Google zullen blijven, zonder door te klikken, wat dan weer invloed heeft op de inkomsten van de klassieke media.

Referentie:
Braet, O. (2008) 'Business Model Issues for Digital Media', *Presentation Media Policy Course*. Communication Sciences (Free University Brussels, 4 November 2008).

Van hardware naar service

Een opvallende algemene trend in de verspreiding van digitale content is de vervaging tussen de activiteiten van diverse actoren. Waar vroeger duidelijk te spreken was van een waardeketen waarin verschillende spelers achtereenvolgens een stap van het productie- en distributieproces op zich namen, spreken we nu eerder van een waardenetwerk, waarin complexe relaties bestaan tussen verschillende partijen wiens rollen vervagen en verschuiven. Actoren die in traditionele waardeketens belangrijke functies uitvoerden, kunnen nu aan belang verliezen of zelfs gepasseerd worden als gevolg van de impact van ICTs.

Een voorbeeld van zo'n speler die zich in huidige waardeketens meer lijkt te profileren dan vroeger is de hardwareconstructeur. Vooral in de mobiele wereld is het duidelijk dat hardwarespelers zich steeds meer gaan profileren als serviceaanbieders. Het klassieke voorbeeld is weer Apple met de iPod en iPhone, een bedrijf dat uitgroeide van een computerbouwer tot een geïntegreerd mediaplatform, met hardware, software en content die perfect op elkaar afgestemd zijn. Een ander voorbeeld is Nokia dat in augustus 2008 de Ovi-diensten lanceerde. Software en content worden via de Ovi-winkel verkocht en zijn compatibel met een groot aantal Nokia-toestellen. Nokia laat externe ontwikkelaars toe software te bouwen voor het platform, maar heeft ook deals met grotere content- en dienstenleveranciers zoals Facebook, MySpace, Qik, Fox Mobile. Deze content of applicaties kunnen dan via een desktopclient voor PC of op het mobiel toestel zelf aangekocht of gratis gedownload worden.

De toenemende rol van andere actoren dan in de klassieke media-industriële waardeketens zijn zeker ook van belang voor de uitgeefsector. Er moet met nieuwe partijen onderhandeld worden om te verzekeren dat de waardevolle content op de juiste platforms verspreid wordt, in samenwerking met deze nieuwe spelers. Het opvolgen van deze evoluties en het identificeren van nieuwe interessante distributiemogelijkheden via hardwarebouwers zal ook voor de nieuwsindustrie van groot belang zijn.

Referentie:
http://www.ovi.com/services/

Open source: all together now

Vroeger was goede software, voor de productie, de bewerking en distributie van content in het algemeen in handen van grote bedrijven zoals Microsoft, Adobe, Oracle etc. Maar een duidelijke trend naar alternatieven voor deze klassieke softwarepakketten tekent zich af. In de eerste plaats heeft open source software een duidelijke opmars gemaakt.

Een 'open source'-applicatie is software waarvan de broncode vrij beschikbaar is en vaak gratis wordt aangeboden (alhoewel er ook commerciële open source pakketten zijn). Indien software open source is, heeft iedereen beschikking over de broncode. Hiermee heeft de koper van de software de mogelijkheid (en het recht) om de software te veranderen / verbeteren. Als gevolg hiervan kijken verschillende, soms duizenden ontwikkelaars naar de software waardoor fouten sneller ontdekt worden en deze wijzigingen vervolgens omgezet kunnen worden naar nieuwe, verbeterde code. Een vorm van collectieve kwaliteitsverbetering dus. Bekende voorbeelden van open source-toepassingen zijn de systeemsoftware van Linux, de internetbrowser Firefox en de kantoorsoftware Open Office. In het nieuwe mediadomein wordt veel gebruik gemaakt van open source, omdat het kleinschalige experimenten vergemakkelijkt en aanpassing aan lokale en/of bedrijfsspecifieke toepassingen toestaat.

Samen met de open source beweging zijn er ook verschillende evoluties te zien in programmeertalen en is het met de opkomst van het internet (en dus een heel aantal hulpmiddelen, tutorials en tools) makkelijker geworden voor kleine softwareontwikkelaars of individuen om zelf programma's te schrijven. Dit stelt geïnteresseerde en gemotiveerde prosumers of andere kleinere nieuwsproducenten in staat om sneller en makkelijker de content die ze produceren aan te bieden in aantrekkelijke formaten. Een illustratie is de App Store voor de iPhone en iPod van Apple waarbij van de kleinste tot de grootste softwareontwikkelaar zich kan registreren voor $99 en zo zijn eigen applicaties kan verkopen of gratis aanbieden via de online marktplaats van Apple.

Een aspect dat hieraan gerelateerd is staat in verband met de manier waarop nieuwe diensten gehost en verspreid worden op het web. Er is een duidelijke trend van het verschuiven van het beheren van eigen servers en alle moeilijkheden en kosten die hiermee gepaard gaan uit handen te geven aan derde partijen die deze diensten via het internet aanbieden. Hiernaar wordt ook verwezen als deze activiteiten in 'the cloud' te laten verlopen. Een voorbeeld is Amazon S3 (Simple Storage Service), een online opslagdienst die in 2006 gestart werd en Amazon's EC2 (Elastic Compute Cloud) dat toelaat gebruik te maken van de infrastructuur van Amazon om intensieve applicaties zoals softwaresimulaties of het hosten van webpagina's op een virtuele manier uit te voeren. Amazon vraagt dan een beperkte som van de gebruikers die afhankelijk is van de gebruikte opslagruimte of virtuele infrastructuur.

Peer publishing en publicatieplatforms

Online media laten meer interactiviteit toe dan de traditionele media, en wel in verschillende gradaties. In de wereld van nieuwswebsites kan een uiting van interactiviteit bestaan uit functionaliteiten zoals ratings of taggen, waarbij gebruikers zelf actief hun stem gaan laten horen van wat zij belangrijk vinden om zo het filterproces te beïnvloeden. Nog een stap verder is dat gebruikers zelf kunnen reageren op nieuws via commentaren, wat de meeste nieuwssites vandaag ook toelaten. Maar, de meest verregaande vorm van interactiviteit is die waarbij de gebruikers zelf inhoud gaan creëren of zelf verslagen, dus nieuws gaan maken. Dit valt op het internet onder de noemer van 'user-generated content'.

Door de digitalisering, de hoge penetratie van breedbandinternet en de toegankelijkheid en beschikbaarheid van allerlei digitale toestellen (o.a. camera's, computers) is het zelf genereren van inhoud laagdrempelig geworden. Door de toegankelijkheid voor gebruikers om zelf inhoud te creëren heeft men het ook wel eens over de democratisering van inhoudsproductie. Naast toegenomen gebruiksgemak van het vastleggen van nieuws, wordt ook de distributie ervan veel makkelijker. Deze verspreiding van UGC wordt gefaciliteerd door verschillende types van platforms die door zowel door derde partijen als bestaande nieuwsorganisaties opgericht kunnen zijn. Internationale voorbeelden zijn legio (Blogger, Flickr, YouTube, Twitter,...) en in Vlaanderen hebben we video-uploadsites zoals GarageTV of LommelTV (beëindigde testcase), verschillende stadsblogs (Gentblogt, HasseltLokaal, Mechelenblogt), of onafhankelijke 'digitale' persbureaus zoals Stampmedia en Indymedia.

Wanneer deze platforms uitgebaat worden door bestaande nieuwsactoren kunnen ze een toegevoegde waarde bieden door bijvoorbeeld een plaats te geven aan lokaal nieuws, wat in het algemeen moeilijk te verslaan is voor een grote speler. Wanneer ze in onafhankelijke handen zijn of er niet gemodereerd wordt, krijgt de gebruiker een grotere vrijheid in wat hij produceert en publiceert. In een hypothetische situatie zouden de gevestigde spelers dus concurrentie kunnen ondervinden van deze initiatieven, maar uit verschillende studies blijkt wel dat het aantal mensen dat actief content gaan maken, nog beperkt is.

Deze platforms, of ze onafhankelijk of gelinkt zijn aan traditionele spelers, zijn een nieuw element in het digitale nieuwsecosysteem en belangrijke actoren in het verdelen van UGC. Ze moeten dus in rekening genomen worden in de digitale strategieën van bestaande spelers.

KADERS

Convergentie 2.0

Een belangrijke ontwikkeling die al enige tijd van invloed is op het karakter van het huidige medialandschap is technologische convergentie. Deze term verwijst naar het gegeven dat mediatechnologieën die voorheen eenduidige en aparte functionaliteiten bevatten, steeds meer naar elkaar toe groeien. Wat ontstaat zijn nieuwe, veelzijdige mediavormen met de eigenschappen en voordelen van diverse oorspronkelijke producten.

Aan de ene kant valt er een puur technologische convergentie op te merken waarbij consumentenelektronica steeds meer hardwarefunctionaliteiten van andere toestellen overnemen (mobiele telefoons met camera en MP3 speler, televisies met internetverbinding, digitale fotocamera's met WiFi etc.) waardoor de lijnen tussen kernfunctionaliteiten van toestellen vervagen. Een interessant fenomeen hieraan gerelateerd, dat steeds belangrijke business model-implicaties met zich brengt, is de toevoeging van webbrowsers of een internetconnectie aan steeds meer consumentenelektronica. De trend om browserfunctionaliteit aan verscheidene apparaten te geven (draagbare en vaste spelconsoles, e-readers, mobiele telefoons, televisietoestellen, fotocamera's, netbooks, koelkasten etc.) heeft als implicatie dat eindgebruikers op verschillende plaatsen, in andere context, op een ander type scherm, met een andere grootte, met een andere snelheid of ondersteund door andere standaarden zich online gaan begeven en dus ook nieuws gaan consumeren.

Aan de andere kant is ook een convergentie van het dienstenaanbod te bemerken. Hiermee wordt verwezen naar actoren die nieuw terrein verkennen om zo op zoek te gaan naar nieuwe business model-opportuniteiten. Voorbeelden hiervan zijn hardwareproducenten die online diensten als applicatie aanbieden, of mobiele operatoren die op gelijkaardige manier content gaan verkopen. Het betreft hier voornamelijk moeilijk te voorspellen bedrijfsstrategische beslissingen die soms werken en anders niet. Ze kunnen wel een gunstig klimaat van competitie creëren waardoor ook nieuwsorganisaties steeds aandachtig moeten blijven voor innovatieve modellen die interessante kansen voor hen kunnen opleveren. Deze trend van diversificatie van activiteiten moet dus ook zeker opgevolgd worden.

Eenheid in medialand: standaardisatie

Elke vorm van digitale communicatie maakt gebruik van bestanden die opgeslagen worden in een bepaald formaat. In vele gevallen zijn die standaarden eigendom van een enkel bedrijf, dat de software verkoopt om die de standaard te kunnen 'lezen'. Voorbeelden hiervan zijn doc van Microsoft en pdf van Adobe. Naast deze 'gesloten' bestandsformaten en software ('proprietary software') bestaan er ook open standaarden, welke in bepaalde sectoren steeds meer aan populariteit winnen. Open standaarden zorgen ervoor dat de uitwisseling van informatie losgekoppeld wordt van de software om die informatie te verwerken. Een voorbeeld van een open standaard die nog voortdurend aan belang wint is 'Extensible Markup Language' (XML).

XML is een standaard voor het gestructureerd vastleggen van opmaaktaal. Een van de belangrijkste toepassingsgebieden van XML is het gestandaardiseerd uitwisselen van gegevens. Hiertoe biedt XML drie mogelijkheden: het vastleggen van afspraken (in XML Schema), het uitwisselen op een standaard wijze (via XML documenten) en het converteren van content naar andere formaten (met behulp van Stylesheets). Naast de uitwisseling van berichten biedt XML ook dynamische mogelijkheden. Webservices maakt het mogelijk via een gedefinieerde XML standaarddiensten aan te bieden via het internet. Hierbij wordt de flexibiliteit van de XML-standaard gecombineerd met internettechnologie.

Ook voor de media is deze ontwikkeling van groot belang omdat innovaties nu niet langer afhankelijk zijn van snel verouderende, beperkt inzetbare en vaak kostbare software. Zo heeft de dagbladindustrie al een aparte variant voor het opmaken van advertenties op basis van XML ontwikkeld.
Een andere belangrijke nieuwe standaard is ePub, die in 2007 werd vastgelegd door het International Digital Publishing Forum. ePub is een gratis en open standaard voor e-books en heeft als specifiek kenmerk dat de tekst aangepast kan worden aan het toestel waarop hij weergegeven wordt. Op die manier is ePub dus makkelijk inzetbaar voor een breed gamma aan mobiele toestellen. In het begin werd de standaard voornamelijk gebruikt binnen uitgeverijen als een makkelijk uit te wisselen formaat, maar het wordt steeds meer ook voor distributie en verkoop gebruikt. Ter illustratie: de Kindle van Amazon ondersteunt ePub niet (maar wel het proprietary AZW formaat), maar er is aangekondigd dat de Nook van Barnes & Noble dit wel zal doen.

Hoe dan ook is standaardisatie van cruciaal belang in elke mediasector. De keuze voor een open of gesloten standaard kan een aantal implicaties hebben: wanneer een formaat open is, is de kans groter dat content gepirateerd gaat worden vermits het makkelijker is, en wanneer een standaard te restrictief is, bestaat het risico dat hij geen adoptie zal vinden in de sector. Een trend naar open standaarden is te ontwaren, maar de keuze voor open of proprietary moet afhangen van het type businessmodel dat men voor ogen heeft en dus weloverwogen gebeuren.

Samen of alleen? De groei van platforms

Naast een technologische convergentie van toestellen is er een ander type convergentie aan het werk, namelijk het samenkomen van (takken uit) de media en telecomindustrie. De voorbeelden die deze beweging illustreren zijn legio: fabrikanten van mobiele toestellen openen applicatiewinkels, mobiele operatoren zetten dienstenplatforms op, settopbox-bouwers werken samen met grote online videodiensten-leveranciers om de link naar de huiskamer te maken, ISPs worden IPTV-leveranciers, een computerbouwer spreekt een nieuw publiek aan met mobiele toestellen die gelinkt zijn aan een online muziek- en videowinkel die op zijn beurt ook via een settopbox van diezelfde computerbouwer en het televisietoestel benaderd kan worden, grote en kleine softwareontwikkelaars bouwen online en offline applicaties om sociale netwerktoepassingen te creëren rond gebruikersgedrag, enzovoort. Al deze voorbeelden geven aan dat er grondige veranderingen plaatsvinden in de manier waarop multimedia- en contentdiensten ontwikkeld en gedistribueerd worden.

Deze convergenties van industrieën zijn vaak te linken aan platformstrategieën. Actoren uit verschillende domeinen streven naar platformdominantie en doen dit op erg uiteenlopende manier, van een zeer open tot erg gesloten of 'walled garden'- aanpak. Gedurende vele jaren waren de verschillende rollen in de media- en telecomindustrie duidelijk afgelijnd, maar de komst van het internet en de proliferatie van de mobiele telefoon hebben ervoor gezorgd dat die grenzen vervaagd zijn en actoren nu dwingt om te gaan met deze veranderingen. Ze doen dit o.a. door ecosystemen te ontwikkelen waarin ze zoveel mogelijk controle hebben over de waardecreatie en tegelijkertijd door zoveel mogelijk dienstenleveranciers en ontwikkelaars aan de ene kant en eindgebruikers aan de andere kant aan te trekken. Hiernaar wordt ook verwezen als 'two- of multi-sided markets'. Deze theorie houdt in dat een platform interacties tussen twee of meer afgelijnde groepen actoren gaat faciliteren en stelt dat de focus niet moet liggen op winstmaximalisatie in één markt, maar eerder op het aantrekken van de diverse betrokken partijen en het in evenwicht te brengen van hun belangen.

Hoewel platformisering zijn oorsprong kent in de ICT- en telecomsector, zijn er in de media-industrie ook trends naar platforms zichtbaar. Apple's iTunes is er een van, maar ook de wijze waarop Amazon met de Kindle contentleveranciers en consumenten samenbrengt via de hardware is een voorbeeld van een platform. Voor nieuwsproducenten zal het dus interessant zijn de kracht van deze platforms in te schakelen en de bewegingen in deze richting op te volgen. Het valt alleszins aan te bevelen op meerdere platforms trachten aanwezig te zijn, aangezien adoptie en gebruik snel kunnen verschuiven.

Referentie:
Ballon, P. & Walravens, N. (2008) 'Competing platform models for mobile service delivery: the importance of gatekeeper roles', 2008 *7th International Conference on Mobile Business (ICMB)*: p. 102-11.

Rechten: van mij of van jou?

Een van de meestbesproken elementen in de overgang van analoog naar digitaal, is de bescherming van de digitale content via digital rights management (DRM) systemen. DRM verwijst in het algemeen naar een softwarematige bescherming die een gebruiker (meestal) beperkt in zijn mogelijkheden een bestand te kopiëren, te verzenden, op verschillende apparaten te plaatsen etc. Verschillende contentproducenten implementeren DRM als technologische bescherming tegen het verbreken van de licentieovereenkomsten die ze sluiten met de eindgebruiker wanneer die laatste een product of dienst aankoopt, voornamelijk als een systeem om piraterij tegen te gaan. De producent behoudt dus eigenlijk de controle over welk pad zijn product aflegt en of de gebruikstermen die erop rusten niet overschreden worden.

DRM is omstreden omdat het consumenten vaak niet dezelfde gebruiksrechten toestaat die ze van analoge content gewoon zijn.

Dit heeft dan voornamelijk betrekking op het kopiëren en verspreiden van content, maar ook het doorverkopen ervan. Momenteel is er geen systeem of marktplaats waar online aangeschafte, digitale content kan doorverkocht worden en het wordt onwaarschijnlijk geacht dat dit principe een plaats zal vinden in de digitale distributie. Een tweede probleem kan ontstaan wanneer het DRM-systeem waarvoor gekozen werd niet meer ondersteund wordt door de producent en het bestand dus niet meer 'gelezen' kan worden. Er zijn reeds een aantal voorbeelden waarbij online aangekochte bestanden onbruikbaar werden omdat de producenten ervan het type DRM niet meer ondersteunen of de DRM-servers uitschakelde.

De discussie over DRM is erg ambigu en ook een potentieel struikelblok voor de nieuwsindustrie. Wanneer we de verdeling van kranten en nieuws via e-readertoestellen als voorbeeld nemen stellen zich dus ook een aantal mogelijke problemen in verband met DRM en rijzen er vragen naar het open of gesloten karakter van de verdeelde content. Een te gesloten systeem kan gebruikers afschrikken, terwijl het volledig openstellen van de content piraterij in de hand kan werken. Veel niet-professionele nieuwsbronnen kiezen inmiddels voor een open standaard, de Creative Commons, die onder door de maker gedefinieerde voorwaarden hergebruik en verspreiding toestaat.

Hoewel de laatste discussies omtrent DRM voor online content waarschijnlijk nog niet gevoerd zijn, lijken wel steeds meer contentleveranciers ervan af te stappen. Apple bijvoorbeeld besloot in 2009, samen met de platenmaatschappijen, om geen door DRM beveiligde muzieknummers via de iTunes Music Store meer te verkopen zodat deze ook op andere spelers dan iPods en iPhones afgespeeld kunnen worden. Een voorzichtige beweging weg van DRM is dus vast te stellen.

Internet verandert van natuur

Het Web 2.0 paradigma werd in 2005 voor het eerst door Tim O'Reilly (oprichter van het Amerikaanse mediabedrijf O'Reilly Media) voorzichtig afgelijnd. In zijn bekende artikel What is Web 2.0 noemt O'Reilly het 'aanwenden van collectieve intelligentie' als een van de belangrijke elementen in het Web 2.0 denken. Hij verwijst hier naar de sterke netwerkeffecten die sites als Wikipedia en Flickr vertonen door hun gebruikers in staat te stellen makkelijk content, zij het tekst, muziek, video etc., aan te leveren, te bewerken en te delen. Ook het fenomeen van bloggen en social networking worden aangehaald om de Web 2.0 idee te illustreren.

Ondertussen wordt de term Web 3.0 gebruikt om trends op het internet te beschrijven, samen met het concept van het 'semantisch web'. Dit verwijst naar het idee dat het web zou 'begrijpen' wat een gebruiker wil en op basis van de content op het internet deze vraag zou kunnen beantwoorden. Om dit mogelijk te maken is dus een goed beheer van metadata en het gebruik van standaarden om metadata te onderhouden cruciaal. Het valt te verwachten dat het uitbreiden en verfijnen van metadata-management als belangrijke trend zal blijven doorwerken om de juiste content op een effectievere manier bij de eindgebruiker die hem opvraagt te krijgen.

Een ander concept dat een evolutie in de toepassing van het web suggereert is 'the internet of things'. Het idee houdt in dat elk object (huishoudapparaten etc.) dat zich rond een gebruiker bevindt verbonden is met het net (met een vaste verbinding of mobiel / RFID) en ook kan communiceren met andere objecten. Hoewel de brede implementatie uiteraard erg veraf is, valt het op dat steeds meer huishoudelijke objecten en toestellen een draadloze communicatietechnologie aan boord hebben, waardoor nieuwe toepassingen mogelijk worden. Er wordt volop geëxperimenteerd, met als opvallend voorbeeld een plant die via meettoestellen aan zijn eigenaar via Twitter kan laten weten wanneer hij water of voeding nodig heeft.

Een laatste idee dat hieraan verbonden is zijn de zogenaamde 'spimes' (een samentrekking van space en time, een neologisme van SF-auteur Bruce Sterling) dat steeds meer aanhang krijgt. Dit verwijst naar huishoudelijke objecten die op intelligente manier met elkaar communiceren via internet. Het zijn statische objecten die door hun internetverbinding kunnen bijdragen aan het informatieconsumptiegedrag van een gebruiker. Een klassiek voorbeeld is de intelligente ijskast die via RFID-tags in voedingsverpakkingen haar inhoud kent en automatisch extra producten kan bestellen via internet. Een voorbeeld van een spime dat vandaag al te verkrijgen is: Nabaztag, een plastic konijn met een WiFi-verbinding dat nieuwsberichten, RSS-feeds, het weer en emails kan lezen en kan communiceren met 'bevriende' Nabaztags.

De evoluties omtrent het internet of things, spimes en het semantisch web kunnen alle impact hebben op de nieuwsconsumptie van eindgebruikers en vormen dus een relevant kader om in het achterhoofd te houden.

Referentie:
http://www.oreillynet.com/pub/a/oreilly/tim/news/2005/09/30/what-is-web-20.html?page=1 , www.nabaztag.com

INNOVATIEVE BEDRIJFSMODELLEN

Valerie-Anne Bleyen
Olivier Braet
Leo van Hove

BUZZWORDS

Nieuws per click
Online kopen groeimarkt
Wie betaalt: lezers of adverteerders?
All you can eat of a la carte?

ACTOREN

Strategische uitdagingen voor e-publishers
Waar is het verdienmodel?
Kijken naar kerncompetenties
Elektronisch betalen op het web

KADERS

Internet: meer en mobiel
Van free naar fee en omgekeerd
Kuddegedrag in krantenland
Wankelende media
Long tail korter dan gedacht

BUZZWORDS

Nieuws per click

Het betalend maken van nieuwsprovisie volgens het iTunes model is een scenario dat steeds meer aandacht krijgt. De industriële context ervoor lijkt zeker rijp. Apple draait $1 miljoen omzet per dag op haar Appstore, en mobiel browsen heeft met de introductie van de iPhone een enorme vlucht genomen. Newsweek verkocht een compilatie van haar verkiezingsverslaggeving via het Kindle platform voor $9,95. Ondertussen promoot Google fors haar Android software voor mobiele toestellen, en willen Microsoft, Nokia noch Blackberry achterblijven in deze groeimarkt.

De kracht van het iTunes model is dat het de mentale kost van een transactie verlaagt door de betalingsgegevens slechts eenmaal op te vragen. Alle aankopen daarna vereisen slechts 1 klik. Van applicaties die verkocht worden via de App store houdt Apple 30 procent van de transactie, maar dit staat de aanbieder nog steeds toe zijn applicaties gratis aan te bieden, indien hij een betere business case ziet voor een business model gebaseerd op advertentie-inkomsten, verkoop van complementaire producten of indien de applicatie een advertentie op zich is.

Het belang van deze hernieuwde belangstelling in 'pay per item' kan niet onderschat worden binnen de digitale nieuwsproductie en -consumptie, precies omdat de advertentie-inkomsten op digitale platforms zullen blijven lijden onder inkomstenerosie en advertentie-inkomsten veel elastischer zijn en bijgevolg heviger reageren op recessies. De advertentie-inkomsten van online nieuws wegen duidelijk niet op tegen dezelfde inkomsten bij offline nieuwsdistributie. Hierdoor daalt de lange termijn voorspelbaarheid van de inkomstenstromen, wat de stabiliteit van de nieuwsoperaties niet ten goede komt. Bij kranten die sterk afhankelijk zijn van advertentie-inkomsten variëren de schattingen van welke het inkomstenverlies is bij een overstap van analoog naar digitaal van 90 tot 99 procent.

Het experimenteren met betaalde inhoud voor het nieuws van de dag is daarmee een logische stap, die wel onderworpen is aan een aantal beperkingen. Het iTunes model is echter niet eenvoudig overzetbaar naar de perswereld, en dit door de specifieke kenmerken die nieuwsitems bezitten. De consumptie van een muziekstuk is onvervangbaar. Indien je wil luisteren naar een specifieke song van een bepaalde muziekgroep, dan zijn er geen alternatieven voor dat ene nummer. Maar nieuwsitems zijn wel inwisselbaar. En terwijl het overgrote deel van bekende artiesten een platencontract heeft met een platenmaatschappij, heeft geen enkel nieuwsitem een exclusiviteitcontract met een bepaalde krantenuitgever. Tekst met nieuwsfeiten kan veel moeilijker beschermd worden tegen imitatie dan foto's met nieuwswaarde. Elk nieuws kan gerapporteerd worden door elke krant, waardoor de monopolisering van nieuwsitems veel minder haalbaar is dan de monopolisering van muziekproducten.

Ook dienen de actoren uit de nieuwswereld te beseffen dat de introductie van deze technologische innovaties in eerste instantie de bottom line van de technologische actoren moet dienen. Elke speler uit dit ecosysteem brengt nieuwe oplossingen op de markt in de hoop dat er voldoende marktpotentieel is onder de consumenten.

Naar analogie met Apple die mp3's toeliet op haar iPod en hiermee het grootste marktaandeel bereikte, bestaat het risico dat deze nieuwe oplossingen het doelpubliek opvoeden in het trachten vergaren van niet-legaal verkregen kopieën van publicaties.

Online kopen groeimarkt

eCommerce blijft in België boomen: zo stelt BeCommerce dat Belgische bedrijven anno 2008 34 procent meer verkochten via het internet in vergelijking met 2007 - goed voor ruim € 1,3 miljard (excl. de elektronische verkoop van reizen en tickets). De EIAA stelt dat in België gemiddeld vijf online aankopen per persoon werden gedaan in de eerste zes maanden van 2009. Ook het aantal commerciële websites in België is gestegen: van 4100 aanbieders eind 2008 tot meer dan 5000 anno 2009. De federatie beweert dat er dagelijks vier nieuwe webshops actief worden en dat het gemiddeld gespendeerde eveneens bedrag groeit - met zowat 35 procent van de bestellingen in de prijsklasse van € 51-100. Twintig procent van de internetbestellingen in België hebben een waarde tussen de € 100 en € 200.
Wat betreft de betaalmethode, merkt BeCommerce op dat - op webshops die alleen actief zijn op het net - in 37 procent van de gevallen met een krediet kaart wordt betaald en in 20 procent met

Bancontact. Wanneer men alle verkopers op afstand in acht neemt, bedragen deze cijfers 25 procent, resp. vijf procent. In dit geval blijkt de bankoverschrijving met 43 procent de meest courante betaalmethode. Terwijl in Nederland door 51 procent van de consumenten met iDEAL (een elektronisch platform gerelateerd aan internetbankieren) wordt betaald, is België nog aan een inhaalbeweging bezig. In minder dan zes jaar tijd is het aantal e-handelaren dat via Ogone - een betaalplatform dat in 35 verschillende landen actief is - betalingen afhandelt, wel verzevenvoudigd.

Wie betaalt: lezers of adverteerders?

Kranten bevinden zich in een 'two-sided market', met zowel lezers als adverteerders. Grote moeilijkheid hierbij is de trade-off tussen reclame- en lezersinkomsten. Zo zal het bereik van een krantensite groeien naarmate men de content gratis verspreidt. Omgekeerd betekent het optrekken van een betaalmuur minder bezoekers op de site en dus meestal minder online reclame-inkomsten, die volgens The Economist vaak goed zijn voor 10-15 procent van de totale omzet. Het ideale businessrecept vinden is dus erg moeilijk, omdat internetgebruikers overladen worden met een gratis aanbod en hierdoor een lage(re) 'willingness to pay' hebben voor online nieuws. In de praktijk blijken zelfs gevestigde krantensites het moeilijk te hebben om het optimale inkomstenmodel te vinden.

Het spreekwoord 'als het tij keert, verzet men de bakens' beschrijft prima hoe krantensites het voorbije decennium zijn doorgekomen. In het begin van de jaren '90 was de aantrekkingskracht van 'easy online ad-money' dusdanig sterk dat digitale uitgevers hun content gratis aanboden. Helaas ging het merendeel van het advertentiegeld daarbij niet naar de content-'creators', maar naar wat de mediasector bestempelt als 'parasieten' (zoals zoekmachines en aggregators à la Google News). Exclusief mikken op reclame-inkomsten heeft dus zo zijn gevaren - wat extra pijnlijk tot uiting kwam met de dotcom crash. Eenmaal de bubbel was gebarsten, zochten meer sites dan ook hun toevlucht in een betalend model. Maar in de periode 2007-2008 evolueerden een aantal grote spelers - zoals The New York Times - opnieuw van 'fee' naar 'free'. Zelfs The Wall Street Journal overwoog toentertijd een dergelijke koerswijziging. Deze 'volte-face' ging gepaard met een heropleving van de online advertentiemarkt. Het Internet Advertising Bureau (IAB) en PricewaterhouseCoopers (PwC) meldden - voor het V.K. en voor de eerste helft van 2007 - een groei van internet advertising met maar liefst 41 procent op jaarbasis, terwijl TV, radio, cinema, direct mail èn de gedrukte pers allemaal dalende reclame inkomsten hadden. Problematisch voor de krantensector was echter dat zij het moeilijk hadden om hun graantje mee te pikken van de explosieve groei in online advertising. Volgens de Newspaper Association of America daalden de reclame inkomsten voor kranten en hun websites met acht procent in 2007. Uiteraard heeft de globale crisis de situatie alleen maar vererger. De groei van online advertising in zijn totaliteit vertraagde en dit gold in het bijzonder voor display advertising. Online ads konden dan ook de terugval in de advertentie-inkomsten van de gedrukte pers niet compenseren. In 2008 liepen de totale reclame inkomsten van Amerikaanse kranten terug met 16 procent. Het aandeel van de online ads daalde tot minder dan 10 procent. De European Advertising and Media Forecast voorspelt bovendien dat de advertentie inkomsten voor kranten in de eurozone met 13 procent zullen dalen in 2009.

Omwille van deze slechte vooruitzichten hebben kranten recentelijk diverse reddingsacties ondernomen in een poging om de neerwaartse spiraal tegen te gaan, onder andere via loonsverminderingen, ontslagen, het verhogen van de prijzen voor het printabonnement, etc.. Sommige kranten hebben hun printeditie zelfs volledig overboord gegooid en concentreren zich enkel nog op hun (gratis) website (zoals Maxim en The Ecologist in het V.K).

All-you-can-eat of a la carte?

Momenteel is er in de online krantensector een hernieuwde interesse voor pay-per-view; de Financial Times deed augustus 2009 een aankondiging in die richting en ook News Corp overweegt om op al zijn sites artikels aan te bieden a rato van 10 à 20 dollarcent. Nochtans brengt het aanbieden van pay-per-view strategische uitdagingen met zich mee en waren eerdere pogingen niet bepaald succesvol. Het wedervaren van The Economist biedt een interessant praktijkvoorbeeld. In 2002 lanceerde Economist.com pay per view tegen 2,95 USD per artikel en 9,95 USD voor vijf artikels. Maar in 2004 was de optie om vijf artikels aan te kopen al verdwenen, en tegen 2005 was pay-per-view helemaal afgeschaft. Blijkbaar was de feature dus toch niet echt succesvol. Een onderzoek naar de online inkomstenmodellen van 82 kranten uit acht landen (Bleyen en Van Hove, 2009) bewijst dat pay-per-view ook in West-Europa met uitsterven bedreigd wordt. Terwijl tussen 2006 en 2008 het aanbod reeds afnam met 3,6 procentpunten (tot 15,9 procent), registreerden de onderzoekers in 2009 opnieuw een daling, ditmaal met 4,9 procentpunten (tot 11 procent). Maar sommige experts hebben er goeie hoop op. Zo stelt Bruce Cundiff van Javelin Strategy and Research: "Ten years ago there was a lack of content and a lack of willingness to charge for small amounts. Today consumers are accustomed to downloading and paying for it".

Denken we na over de strategische uitdagingen verbonden aan pay-per-view, dan moet om te beginnen worden gewezen op het gevaar voor kannibalisatie van het online abonnement. Indien pay per view te voordelig is geprijsd, kan dit resulteren in minder abonnees. Anderzijds zijn individuele artikels niet meer aantrekkelijk voor occasionele bezoekers indien ze te duur zijn. De prijszetting voor beide opties is bijgevolg een moeilijke opgave. Walter Isaacson, voormalig managing editor van Time, beweert dat om winstgevend te blijven, kranten nood hebben aan een eenvoudig microbetaalsysteem à la iTunes, dat toelaat om kranten, magazines, artikels, blogs of videos in een mum van tijd te kopen, voor een klein bedrag. Kritiek hierop komt onder meer van Clay Shirky, expert in internettechnologie, die beweert dat à la carte content niet werkt voor online journalistiek. Hij heeft twee punten van kritiek. Ten eerste gaat het volgens hem niet meer om microbedragen: "... imagine pricing digital content in the range of a dime to a dollar. These aren't micro-anything, they are just small but ordinary payments, no magic anywhere". Bovendien is hij het eens met mediastrateeg Odlyzko: "The essential thing to understand about small payments is that users don't like being nickel-and-dimed ... we express our hatred of small payments by switching to alternatives, whether supported by subscription or subsidy". Een tweede argument is dat de essentiële behoeften van de gebruiker over het hoofd worden gezien: "Such systems solve no problem the user has, and offer no service we want".

ACTOREN

Strategische uitdagingen voor e-publishers

Wanneer kranten migreren van een print-only naar een 'print-cum-elektronisch' businessmodel, dienen zij een aantal cruciale beslissingen te nemen die niet altijd even eenvoudig zijn. We overlopen hier kort een viertal belangrijke vraagstukken bij de bepaling van de online strategie.
Op het hoogste niveau is er de keuze tussen een (deels) betaalde en gratis website, of - anders uitgedrukt - tussen directe (i.e. lezers-) en/of indirecte (i.e. advertentie)inkomsten. Krantensites die beslissen om hun content tegen betaling aan te bieden staan meteen ook voor een andere keuze: zij kunnen het nieuws namelijk via abonnementsformules of in kleinere pakketjes aanleveren, eventueel zelfs op eenheidsbasis (pay-per-view). Een combinatie van abonnementen en 'piecemeal' content is natuurlijk ook een optie. Een derde strategische moeilijkheid is de positionering van de online ten opzichte van de print editie. De hamvraag hierbij is of lezers de twee kanalen als complementen dan wel als substituten interpreteren. In het eerste geval is het aangewezen om de online versie sterk te promoten (en eventueel gratis aan te bieden) om aldus de verkoop van de print versie aan te wakkeren. Bij een substituut relatie is erosie van de printinkomsten daarentegen een reëel gevaar en moet de site dus voldoende directe dan wel indirecte inkomsten opleveren.

Een weloverwogen prijszetting is dus cruciaal om kannibalisatie tussen print en online te vermijden, omdat dit de relatieve aantrekkelijkheid van de twee opties bepaalt. Het voorbeeld van de Arkansas Democrat Gazette, een regionale Amerikaanse krant, illustreert dit prima. De Democrat Gazette heeft een 'pay wall' opgericht rond haar online content, met als gevolg dat er in vergelijking met de 170.000 lezers van de printversie amper 3.500 online abonnees zijn. Dat online abonnement, geeft uitgever Walter Husmann toe, "does not justify itself as a revenue stream". In feite, analyseert The Economist, is die 'pay wall' vooral een "revenue dam, intended to stop the flow of readers (and, thus, advertisers) away from print. Since 2002, when the paper began charging online, its average daily circulation has dropped by less than one percent a year - rather better than most". Kranten kunnen tenslotte ook bundels van hun online en offline versie aanbieden tegen een voordelig tarief. Dit zorgt voor een verminderde spreiding in de 'willingness to pay', wat opnieuw de dreiging van 'channel spillover' vermindert.

Referentie:
Shapiro, C. en Varian, H., Information Rules: a Strategic Guide to The Network Economy, Boston, Massachusetts: Harvard Business School Press, 1998.

Waar is het verdienmodel?

De laatste jaren hebben online uitgevers hun dienstenpakket aanzienlijk uitgebreid. Naast het louter aanbieden van nieuws verschaffen zij vandaag de dag ook andere diensten, zoals ringtones, online coupons, stadsgidsen, financieel advies, beurscijfers, community publishing, het live streamen van events en gratis email accounts. Bovendien is de interesse voor mobiele applicaties - bijvoorbeeld voor de iPhone of Blackberry - recent erg gestegen. Zo zal de Wall Street Journal binnenkort zijn mobiele editie achter een pay wall zetten. Niet-abonnees zullen vanaf dan twee USD per week moeten neertellen, en abonnees een USD per week. Ook zijn ontwikkelingen op gebied van (draadloze) e-readers niet te onderschatten: de Amazon Kindle bijvoorbeeld verschaft reeds toegang tot een aantal vooraanstaande Amerikaanse kranten die rechtstreeks op het toestel binnengehaald kunnen worden. En gelet op het feit dat de prijzen van e-readers de laatste jaren reeds erg zijn gedaald, zou dit voor kranten wel eens een lucratief initiatief kunnen worden.

Verder kunnen kranten ook als 'host' fungeren en internetverkeer doorleiden naar sites waar consumenten aankopen kunnen doen. Dit fenomeen van het aanbieden en verkopen van nevenproducten en -diensten sluit nauw aan bij het concept van 'syndicatie'. Syndicatie vindt zijn oorsprong in de entertainmentwereld maar is sterk aan het uitbreiden. Het betreft de verkoop van hetzelfde goed aan veel afnemers, die het op hun beurt integreren met andere goederen en herdistribueren. Productiehuizen bijvoorbeeld passen 'syndicatie' toe op TV programma's voor lokale zenders, striptekenaars passen 'syndicatie' toe op strips voor kranten en magazines, en columnisten passen het principe toe op artikels voor verschillende gedrukte en online mediums. Zo exploiteert Studio Vandersteen de populaire Suske en Wiske-strip. Zij geeft een licentie aan een syndicator, bedrijf X, die de strip groepeert met andere strips en vervolgens verkoopt aan een aantal uitgevers.

Auteurs zoals Werbach (2000) beweren dat syndicatie de ideale manier is om zaken te doen in een informatie-intensieve economie, gekenmerkt door netwerken. Bovendien is het concept aan het evolueren tot een fundamenteel organisatorisch principe voor 'e-business'. In tegenstelling tot de werkelijke wereld, is syndicatie in een 'cyber' omgeving niet beperkt tot de distributie van informatie, aangezien handel ook kan gesyndiceerd worden. Meer specifiek betekent dit dat handelsondernemingen kunnen worden gecreëerd uit gesyndiceerde componenten zodat een soort van 'virtuele onderneming' ontstaat. Kranten kunnen dus op hun website niet alleen gesyndiceerde informatie uit andere bronnen aanbieden, maar ook gesyndiceerde diensten (zoals een zoekmachine of portfolio tracker) en zelfs volledige e-shops, onderhouden met producten die door andere bedrijven aangeboden worden. Google's AdSense programma is een andere manier waarop kranten financieel voordeel kunnen halen uit syndicatie. Google AdSense is een programma waarmee een bedrijf alle pagina's in haar website kan gebruiken om inkomsten te generen door Google advertenties te laten plaatsen die verband houden met de inhoud.

Referentie:
Werbach, K., "Syndication - The Emerging Model for Business in the Internet Era", Harvard Business Review mei - juni 2000.

Kijken naar kerncompetenties

Kranten focussen steeds meer op het controleren van kosten aan de bron van hun eigen waardeketen. Zo wordt er voortdurend gezocht naar synergiën in de nieuwsgaring, waarbij steeds meer mediaspelers dezelfde basisgrondstoffen van hun nieuwsactiviteiten uit dezelfde bron betrekken. Hierdoor verliezen vele kranten hun onderscheidend karakter, terwijl verschil ten opzichte van concurrenten een van de basisregels van strategisch management is.

Terwijl deze kostenbesparingen begrijpelijk zijn vanuit een business case optiek, is deze minder begrijpelijk vanuit een business modelleringsoptiek, aangezien deze besparingen ten koste gaan van het innovatiepotentieel van de nieuwsorganisatie.

Er zijn vanuit de optiek van de waardeketenanalyse twee manieren om na te denken over innovatie. Ten eerste kan een onderneming kijken binnen de eigen waardeketen, en op zoek gaan naar manieren om bestaande activiteiten te herconfigureren of om nieuwe activiteiten te introduceren. Ten tweede kan een bedrijf op zoek gaan naar innovatiemogelijkheden in parallelle waardeketens (i.e. in andere industrieën zoals de software-industrie of de telecomindustrie), en opnieuw trachten om bestaande activiteiten om te vormen tot ze aansluiten bij de andere waardeketens of om nieuwe activiteiten te introduceren.

Wat innovatie binnen de eigen waardeketen betreft, vereist dit investeringen in programmeurs, grafische designers, visualisatiespecialisten en database-experts die de nieuwsbeleving meer datagedreven kunnen maken. Alhoewel de verleiding om verdere interne besparingen door te voeren groot en begrijpelijk is, lopen kranten het risico om de wissel op de toekomst te missen indien ze de aanmaak van werkelijk webvriendelijke content blokkeren. Waardevolle initiatieven binnen de eigen waardeketen worden gekenmerkt door het inzetten van IT infrastructuur die de creatie van originele content ondersteunt. Bezoekers kunnen daarbij die content becommentariëren, mixen met andere relevante content, delen met andere bezoekers of 'taggen' (labelen) voor toekomstig gebruik.

Wat de aanpalende waardeketens betreft kan er inspiratie worden gehaald uit andere gevestigde industrieën zoals de staalsector. Die worden ook gekenmerkt door een voortdurend zoeken naar synergiën en schaalvergroting in de gecommodificeerde fases van hun productieproces. Maar daar rond is een ecosysteem ontstaan van KMO's (MKB's) die zich toeleggen op gespecialiseerde en geavanceerde toepassingen waarvan het productieproces nog niet gecomodificeerd is. Kranten zouden kunnen samenwerken om externe datafeeds centraal te laten samenkomen, waarna elke krant door haar eigen redactieteam de visuele, opiniërende of duidende schil laat aanbrengen.

Elektronisch betalen op het web

Consumenten maken gebruik van het internet om informatie te verzamelen, te winkelen, te bankieren, online te beleggen etc.. Dit impliceert dat handelaars en consumenten behoefte hebben aan betaalinstrumenten die geschikt zijn voor gebruik in deze digitale omgeving. Belangrijke criteria bij het kiezen tussen verschillende betaalinstrumenten zijn onder andere gebruiksgemak, flexibiliteit, veiligheid, anonimiteit en kostprijs. Bestaande betaalinstrumenten die overgezet zijn naar het internet zijn bijvoorbeeld kredietkaarten, overschrijvingen, domicilieringen en debetkaarten. Nieuwe en innovatieve betaalinstrumenten - die specifiek voor de nieuwe omgeving werden gecreëerd - omvatten prepaid betaaldiensten, payment aggregators, payment portaal diensten en betalingen via mobiele telefoon (m-payments).

Kredietkaarten blijven het dominant betaalinstrument in de e-commerce sector. Dit is waarschijnlijk te verklaren door hun internationale karakter, de grote klantenbasis en de geschiktheid voor zogenaamde card-not-present transacties. Vóór de opmars van het internet, werden kredietkaarten immers reeds gebruikt voor mail order/telephone order (MOTO). Voor microbetalingen (i.e. bedragen kleiner dan 10 EUR) kan het aanvaarden van betalingen via kredietkaart echter vrij duur uitvallen aangezien de transactiekosten hoog zijn. Dit verklaart waarom in de e-publishing sector bijvoorbeeld, online abonnementen gewoonlijk wel betaald worden via kredietkaart, overschrijving of factuur. Voor individuele artikels en columns (i.e. pay-per-view) daarentegen, zijn m-payments (via sms of telefoonabonnement), elektronische geldbuidels of 'payment aggregators' (zoals Click & Buy) echter meer geschikte betaalmethoden.

Er zijn de laatste jaren verscheidene nieuwe online betaalsystemen op de markt verschenen. Het concept waarin een bedrijf dienst doet als intermediair tussen kopers en verkopers om te verzekeren dat de goederen betaald en ontvangen worden, is relatief succesvol. PayPal bijvoorbeeld maakt het mogelijk dat elk individu of elk bedrijf met een e-mailadres, op een veilige, gemakkelijke en snelle manier betalingen online kan uitvoeren en ontvangen. PayPals diensten steunen op de bestaande financiële infrastructuur van bankrekeningen en kredietkaarten. In Nederland kunnen surfers naast PayPal ook betalen via de betaaldienst van hun eigen bank en daardoor in hun vertrouwde betaalomgeving blijven dankzij iDeal. Consumenten worden hier doorverwezen naar hun persoonlijke bankrekening en kunnen betalen via overschrijving in een veilige omgeving. In België is het online overschrijven eveneens een goed aanvaard betaalinstrument. Het is wel niet geaggregeerd door een service provider zoals in Nederland. Sinds 2006 bieden verscheidene Belgische banken tevens de mogelijkheid om online te betalen via BC/MC. Dit wordt mogelijk gemaakt door het ingeven van het kaartnummer, de vervaldatum en een identificatiesleutel die ook gebruikt wordt voor online banking. Wat betreft online banking toont een Europese internetstudie van InSites' uit 2006 dat België een van de pioniers was in Europa op dit vlak. 50 procent van de Belgische surfers maakten toentertijd al wekelijks gebruik van online banking. Dit zorgde ervoor dat België op nummer 4 stond in Europa, enkel Nederland Denemarken en Zweden het beter.

KADERS

Internet: meer en mobiel

Volgens het trendonderzoek 'Europe logs on' van Microsoft brengt een Europeaan anno 2009 gemiddeld negen uur per week op het internet door. Ter vergelijking: wekelijks wordt er nog ruim 11,5 uur naar TV gekeken. Microsoft voorspelt dat de TV consumptie stabiel zal blijven, terwijl het internetgebruik zal stijgen tot maar liefst 14 uur per week in juni 2010. Opvallend is voorts dat de studie een sterke daling van het internetgebruik via de computer verwacht: terwijl nu nog 95 procent via dit medium plaatsvindt, zou dat cijfer binnen vijf jaar dalen tot 50 procent en verwacht Microsoft een verschuiving richting mobiele telefoons, spelcomputers en andere consumentenelektronica. Ook InSites Consulting voorspelt dat het internet mobieler wordt. Een online survey bij 32000 internetgebruikers (15+) in 16 Europese landen verwacht een toename van het mobiel surfen op het internet, thuis en onderweg. Volgens InSites Consulting heeft de smartphone nu reeds een adoptie van 14 procent en is hij het populairst bij mannen tussen 25 en 44 jaar met hogere inkomens. De in najaar 2009 gepubliceerde studie 'De Wifi-generatie' geeft zelfs aan dat de helft van de 13-jarigen een smart Phone heeft en internet intensief gebruikt.

Voorts wordt anders omgegaan met 'vaste waarden' zoals e-mail, online banking en online fotoalbums: door het alsmaar toenemend e mailverkeer bijvoorbeeld, wordt e-mail nu minder gebruikt voor het doorsturen van filmpjes of foto's. 'Cloud computing' applicaties (allerhande online toepassingen en diensten) winnen aan belang: een op de tien internetgebruikers gebruikt online kalenders voor het beheer van afspraken of bewaart persoonlijke data op een online back updienst.

Een recente Mediascope studie van de European Interactive Advertising Association (EIAA) toont eveneens aan dat de rol van het internet voor de Europese surfer evolueert: terwijl vijf jaar geleden het net vooral als 'informatiebron' werd gezien, gebruikt de Europeaan het internet meer en meer "voor vrijetijdsactiviteiten en om hun dagelijkse leven vorm te geven". Volgens de EIAA gebruikt 67 procent van de Belgen wekelijks het internet - wat boven het Europees gemiddelde van 60 procent ligt. De studie haalt de volgende redenen voor surfen aan: 75 procent van de gebruikers wil contact houden met vrienden en familie, 61 procent zoekt informatie over lokale overheden op en 59 procent beheert zijn financiën. Verder beweert 59 procent van de ondervraagden dat het internet de mogelijkheid biedt om betere producten en diensten op te sporen en 56 procent boekt reizen via het net. De 25- tot 34-jarigen zijn als actieve 'lifestyle users' het ferventst wat betreft internetgebruik: meer dan de helft communiceert regelmatig via sociale netwerksites en een derde creëert een persoonlijk profiel. Maar ook de Belgische online 50-plussers zijn aan een opmars bezig: eind 2008 is 30 procent actief op het internet, en behoort drie op de tien tot minstens één sociaal netwerk, waarvan Facebook het populairst is.

Van free naar fee en omgekeerd

Gedurende drie jaar analyseerden Bleyen en Van Hove de evoluties in de online strategieën van West-Europese kranten. Hiervoor werd een database samengesteld waarin de online inkomstenmodellen van 87 kranten uit negen landen nauwkeurig werden ontrafeld. In de periode juni juli 2006 werden deze krantensites een eerste maal bestudeerd. In de perioden juni-juli 2008 en 2009 - respectievelijk twee en drie jaar na de oorspronkelijke analyse - werden alle sites opnieuw bezocht met als doel belangrijke trends en evoluties op te lijsten. En de onderzoekers constateerden effectief veranderingen: tussen juli 2006 en juli 2009 is het internetspeelveld namelijk drastisch veranderd. Concreet hebben er zich belangrijke verschuivingen voorgedaan in de verdeling van de advertentiekoek over de diverse media. En laat nu het niveau van advertentie-inkomsten altijd al bepalend zijn geweest voor de online businessmodellen van kranten. Zoals uit de resultaten van dit onderzoek blijkt, is de commotie op het internationale toneel niet voorbijgegaan aan de West Europese kranten: een substantieel aantal heeft zijn betaalstrategieën herzien. Terwijl tussen 2006 en 2008 het aantal gratis sites nog steeg van 19,5 naar 25,6 procent, lijkt tussen 2008 en 2009 de 'vlucht naar gratis' quasi gestopt, met nog een toename van amper 1,1 procentpunt. West-Europese krantensites lijken dus dicht bij een omslagpunt - versta: bij een terugkeer naar 'fee' - te zitten. Vooral Engeland en Duitsland lijken daarin trouwens de kar te spannen. Wat betreft het online archief kan een verdere tendens richting gratis opgemerkt worden - wat samenhangt met een dalende populariteit van de ontbundelde toegangsopties (cf. infra). Wederom zijn Engeland en Duitsland tegendraads; hier stijgt het aanbod van een betaald archief namelijk. Opvallend is tenslotte dat, met een kleine uitzondering voor de dagpas, de 'ontbundelde' toegangsopties - zoals pure pay per view - verder aan populariteit inboeten. Kranten die toch nog opteren voor een betalende strategie beperken zich meer en meer tot simpele abonnementsformules.

Referentie:
Bleyen, V.-A. en Van Hove, L., "Free or fee: What's it gonna be? West-Europese kranten en de slinger van de advertentiemarkt", Accountancy en Bedrijfskunde 2009, 9, 16-30.

Kuddegedrag in krantenland

In het licht van de ontwikkelingen op het internationale speelveld, zou 2010 wel eens een belangrijk keerpunt kunnen betekenen voor vele kranten. Mediamagnaat Rupert Murdoch beweerde alvast dat - als zijn strategie met tolpoortjes slaagt - alle andere online media snel zijn voorbeeld zullen volgen: "If we're succesful, we'll be followed by all media". Toeval of niet, een dag na Murdochs aankondiging raakte bekend dat de website van Le Figaro, de nummer één onder de Franse krantensites, te betalen content zal aanbieden. Wat nu gratis is zou wel gratis blijven, maar er komt nieuwe content waarvoor zal moeten worden betaald. Nog in Frankrijk stelde Nicolas Beytout, uitgever van Les Echos, de Franse zakenkrant, dat de zet van Murdoch "[would] reinforce the strand of thinking that favour paid-for content". Anderen betwijfelen dan weer of er in Murdochs 'betalende' kielzog zal worden gevaren: "Murdoch is either going to make the market or steer a lot of users our way. There is very little benefit for anyone being the first mover", zo reageerde een manager van een Britse krant.

Bij de Vlaamse kranten lijkt er toch heel wat animo te zijn. Een artikel in De Morgen van 18 september 2009 levert in dat opzicht een pak interessante uitspraken op. Zo stelde Mick Van Loon, hoofd van de internetredacties van De Persgroep Publishing (de groep die onder andere De Morgen en Het Laatste Nieuws uitgeeft): "Wij steken niet onder stoelen of banken dat we nadenken over een betaald model voor een deel van de content die je op onze sites vindt". Zelfde verhaal bij Corelio (o.a. Het Nieuwblad en De Standaard): "We bestuderen alle mogelijkheden om onze sites rendabel te maken. Wat betekent dat we

momenteel actief op zoek zijn naar een werkbaar betalingsmodel", is daar het officiële standpunt. Bij Mediafin (De Tijd en L'Echo) staat men naar verluidt het verst. Algemeen directeur Dirk Velghe meldt: "Begin volgend jaar starten wij met een nieuw betaalmodel. We willen onze inkomsten uit de lezersmarkt verhogen om in de toekomst minder afhankelijk te zijn van advertentie inkomsten".
Mediafin heeft hiervoor een eigen betaalsysteem uitgewerkt, waarmee ze momenteel volop aan het proefdraaien zijn.

Vraag is wel of het optimaal is om een betaaloplossing op bedrijfsniveau te ontwikkelen. Alle onderzoek wijst immers uit dat lezers snel en makkelijk willen betalen, met zo min mogelijk 'hassle'. Volgens Johan Mortelmans, directeur e-media bij Corelio, is ook het Vlaamse niveau qua schaalgrootte te klein: "Er moet gewoon een wereldwijde standaard komen. Of je nu een artikel aankoopt op de site van De Standaard, De Morgen of The New York Times, het moet allemaal even snel en makkelijk gaan".

Referentie: Choi, S.Y., Stahl, D.O. en Whinston, A.B., The Economics of Electronic Commerce: The Essential Economics of Doing Business in The Electronic Marketplace, Indianapolis: MacMillan Technical Publishing, 1997.

Wankelende media

Ondanks het feit dat de globale recessie gedurende de tweede helft van 2008 en begin 2009 wereldwijd de economische groei vertraagde of zelfs omkeerde, meldt de 'World Digital Media Trends 2009'-studie van de World Association of Newspapers (WAN) dat digitale media en advertising desalniettemin bleven groeien, en voorspelt ze dat deze expansie zich zal voortzetten tot in 2012. Zowel technologie- als de digitale contentsector evolueren, waardoor nieuwe media marktaandeel zullen winnen, terwijl de traditionele media moeten afrekenen met een beperkte groei en een dalend marktaandeel.

Consultants PwC en Wilkofsky melden dat globaal de media- en entertainmentmarkt groeide van $ 1,2 miljard in 2003 tot $ 1,6 miljard in 2007. Men verwacht een verdere stijging tot $ 2,2 miljard in 2012. Ondanks de sterke groei van digitale media, is volgens PwC en Wilkofsky de krantensector wereldwijd in een recessie: in marktaandelen komt het neer op een daling van 28 procent in 2003 tot 21 procent in 2012. Anderzijds zou het aandeel van de internetsector stijgen van minder dan 4 procent in 2003 tot 19 procent in 2012.

Wat betreft reclame-inkomsten voor de krantensector voorspellen PwC en Wilkofsky enerzijds een terugval in print (- 8,2 procent tussen 2000 en 2010), maar anderzijds een groei aan de digitale zijde van meer dan 25 procent over dezelfde periode. Volgens het WAN-rapport vond de ergste terugval in print advertising plaats in Noord-Amerika en Europa, terwijl er in Zuid-Amerika en landen als India juist een sterkere (zelfs 'double digits') groei was in 2007 en 2008. ZenithOptimedia van haar kant voorspelt dat in 2011, advertising via TV en kranten allebei 10 procent marktaandeel zullen verliezen, terwijl internet-advertising zal toenemen van 3 tot 16 procent. Ook mobile advertising is zeer beloftevol: eMarketer verwacht uitgaven van meer dan $ 19 miljard tegen 2012.

Wat betreft het karakter van digitale media, merkt het WAN-rapport op dat de communicatiemogelijkheden sterk toenemen: men is niet langer beperkt tot mail, voice calls, e-mail en SMS. Vandaag kan men online chatten via tekst, voice of video; foto's posten en delen via sociale netwerksites à la Twitter, Facebook of Flickr; online games spelen via PCs of game consoles als Xbox of Playstation; etc. Universal McCann bijvoorbeeld, toont aan dat in maart 2008 184 miljoen mensen wereldwijd een blog startten, waarvan 26 miljoen in de V.S. Bovendien waren er wereldwijd 246 miljoen mensen die een blog lazen, anders uitgedrukt 77 procent van de actieve internetgebruikers. Nielsen Company van zijn kant stelt dan weer dat sociale netwerken erg beloftevol zijn: het bereik bedroeg in december 2007 reeds 61 procent van de globale online populatie en steeg met 5,4 procentpunten tot 67 procent in december 2008. Brazilië heeft de hoogste penetratie ter wereld: 80 procent van de online populatie aldaar gebruikte een sociaal netwerk eind 2008.
De top-100 van Amerikaanse kranten is alvast van plan om in te spelen op het veranderend karakter van digitale media. In 2008 werden volgende online features als meest lucratief beschouwd: RSS, video en contextuele ads, foto's, lokale weersvoorspelling, social bookmarks en reporter blog comments.

Long tail korter dan gedacht

De officiële versie van Chris Andersons 'long tail' stelt dat het internet als platform niche-uitgevers zou toelaten om hun marktpotentieel uit te breiden dankzij de weggevallen obstakels bij digitale distributie (geen voorraad, instant beschikbaarheid), en dat dit de rijkdom en diversiteit van het aanbod zou ten goede komen. In realiteit blijkt dat het retail-model een hogere graad van effectieve diversiteit kende, die momenteel wordt weggedrukt door het internetgeweld. Enerzijds staan nichepublicaties die voorheen levensvatbaar waren binnen een bepaalde regionale context onder druk van goedkopere online publicaties die onmiddellijk globaal kunnen worden verspreid. Tegelijk creëert de 'long tail' een verregaande concentratie van macht in de handen van een selecte groep van technologische spelers uit de internetindustrie.

Het internet is evenmin een beter leefbare plaats voor nichepublicaties. De business case van long tail content is meestal zwak. De enige bedrijfsactor die veel waarde kan extraheren uit dit ecosysteem is de eigenaar van het platform waar de bezoeker bepaalde content ontdekt.
Niet alleen tussen publicaties lijkt het internet het verdwijnen van betaalde nichecontent te versnellen, ook binnen publicaties is er 'long tail' content - te weten pagina's die maar door een kleine groep lezers worden aangeklikt - die in traditionele publicatievormen meer aandacht genoten, maar nu worden weggedrukt door de meest bezochte artikels. Er zijn met andere woorden veel pagina's binnen online kranten en tijdschriften waarvan de advertentie-inkomsten de schrijfkost niet dekken. Aangezien het verwijderen van deze geproduceerde 'long tail' pagina's geen alternatief is, is de enige overblijvende optie het verkopen van advertentieruimte tegen verlaagde tarieven, en dit gebeurt vaak door het uitbesteden van de reclameregie aan advertentienetwerken zoals Google. Een studie van Bain & Company voor het Internet Advertising Bureau stelde vast hoe de proportie van advertenties die aan advertentienetwerken (zoals Google) werd uitbesteed steeg van 5 procent van de totale advertentieruimte in 2006 naar 30 procent het jaar erop.

De sleutel tot het stopzetten van deze neerwaartse spiraal is manieren ontwikkelen om meer waarde te halen uit het publiek, in plaats van steeds meer waarde trachten te halen uit de inhoud.

JURIDISCHE IMPLICATIES

Evi Werkers
Sari Depreeuw

BUZZWORDS

De mondige lezer
Wie is auteur?
Neem en vermenigvuldig
De nieuwe aggregatoren: leven en laten leven?

ACTOREN

Overal mediaregulering
Mondje dicht: bronnengeheim
Zoek de uitgever
Zoek de digitale uitgever
Wat is een journalist?
Regels voor prosumers
Gebruikersrechten ongewis

KADERS

Convergentie - een juridische term
De vrije meningsuiting en haar begrenzingen
Welke rol speelt Europa in het (audiovisueel) mediabeleid?
Grenzen aan de journalistiek

BUZZWORDS

De mondige lezer

Reeds sinds het prille ontstaan van de krant ontvangen uitgevers lezersbrieven of tips van het publiek die journalisten op het juiste spoor brengen of hen bijkomende informatie opleveren. Vandaag is de situatie echter grondig veranderd in die zin dat de mediagebruiker de touwtjes zelf meer in handen heeft. De huidige technologieën stellen de mediagebruiker in de mogelijkheid sneller en uitgebreider te anticiperen op bepaalde nieuwsfeiten of -ontwikkelingen. De eerdere nieuwsmonoloog van de journalist lijkt steeds vaker plaats te moeten maken voor een interactieve dialoog waarin producent en gebruiker samen het nieuws vinden, maken, aanvullen en nuanceren.

De rol van de gebruiker binnen het traditionele redactionele kader roept echter ook vragen op. Hoe moet je omgaan met de stroom aan reacties en mails van je publiek? De toestroom van inhouden van gebruikers heeft een dubbelzinnig effect. Enerzijds kunnen gebruikers kort op de bal spelen nu ze direct kunnen reageren wanneer ze zien dat er foutieve of onzorgvuldige journalistiek werd geleverd en zelf bijkomende informatie of expertise delen. Anderzijds kunnen gebruikers mogelijk foutieve, illegale en strafbare informatie en opinies aanvoeren die het medium in diskrediet kunnen brengen. Uitgevers krijgen geregeld klachten binnen op grond van feiten, opinies, foto's die op zijn discussieforum terug te vinden zijn. Hoewel zeker niet alle klachten gegrond zijn, is er toch een gestage groei waar te nemen sinds de gebruiker zijn zeg kan doen via de ter beschikking gestelde plaatsen op de nieuwssite. De anonieme lokroep van het internet nodigt blijkbaar velen uit tot heuse scheldpartijen, banale opmerkingen, ongerelateerde commentaren of zelfs doodsbedreigingen.

Bepaalde gebruikers staan er niet bij stil dat bij het online plaatsen van een foto waarop een persoon herkenbaar is afgebeeld of het kopiëren van een tekst ze zich al snel in het vaarwater begeven van andermans rechten (recht op afbeelding, auteursrecht) waardoor de door hen aangeleverde inhoud als 'illegaal' dient te worden bestempeld. Niemand wil de digitale boot missen of ziet het belang van een nieuwsdialoog tussen journalisten, redacties en gebruikers in. Maar welke verantwoordelijkheid dragen zij door de ter beschikking stelling van een kader waarin deze reacties kunnen worden tot uiting gebracht? De Vlaamse Raad voor Journalistiek heeft op deze bezorgdheid willen anticiperen en vaardigde op 12 maart 2009 een Richtlijn uit met het oog op een meer uniforme aanpak en deontologische bewustwording.

Referentie:
Evi Werkers, 'De omgang van de pers met gebruikersinhouden: de bluts met de buil?', *Auteurs en Media* 2009/5, 18 p. (in druk)

Wie is auteur?

De Auteurswet stelt geen specifieke voorwaarden met betrekking tot het auteurschap: ook niet-professionele auteurs kunnen rechten doen gelden. Wanneer een creatie beschermd wordt, is de eerste die deze bescherming kan doen gelden de 'auteur': de natuurlijke persoon die het beschermde werk gecreëerd heeft. Dit betekent dat de lezer de auteur is van zijn commentaar, de amateur-fotograaf de auteur is van zijn foto en de blogger de auteur is van zijn gedicht, net zoals de journalist de auteur is van zijn krantenartikel. Tot op zekere hoogte kunnen deze auteurs beslissen hoe hun werk gebruikt wordt: andere mensen mogen hun creaties alleen gebruiken als de auteurs hiermee akkoord gaan. Dit maakt het leven van exploitanten (zoals krantenuitgevers, maar ook nieuwssites of bloggers) er niet eenvoudiger op: voor vele exploitatiehandelingen hebben zij de toestemming van de auteurs nodig. E-publishers moeten, net als andere exploitanten, goed bijhouden wie welke bijdrage gemaakt heeft en voor elk gebruik zorgen dat de betrokken auteur de nodige auteursrechten overdraagt. Dit is een erg complexe opdracht: sommigen zijn werknemers, anderen werken als zelfstandigen, in vast verband of freelance of eenmalig en zelfs onbekend. Een auteur mag er inderdaad voor kiezen zijn naam niet bekend te maken door een bijdrage anoniem of onder pseudoniem te publiceren. Ingewikkelder wordt het nog wanneer een onbeperkt aantal auteurs samenwerkt aan een werk, waarbij sommige auteurs wel gekend zijn en andere een pseudoniem gebruiken, zoals bij wiki's het geval is.

Hoe moet de Auteurswet dan begrepen worden wanneer bepaald wordt dat de uitgever van een anoniem of pseudoniem werk 'ten aanzien van derden geacht wordt de auteur te zijn'? Wanneer de auteur van een werk niet gekend is, kan de uitgever de exclusieve rechten uitoefenen, die de wet aan de auteur zelf toekent. Bij een inbreuk kan de uitgever dus voor de auteur opkomen, zodat die zijn identiteit niet bekend hoeft te maken om zijn auteursrecht af te dwingen. Net zo kan de uitgever voor de auteur toestemming verlenen om het werk te gebruiken. Zonder deze regeling zouden deze anonieme of pseudonieme werken ongeëxploiteerd blijven: door de uitgever het auteursrecht te laten uitoefenen, kan een deel van die werken toch gebruikt worden zonder dat de auteur zijn identiteit bekend moet maken.

In de praktijk worden wel nieuwe oplossingen ontwikkeld. Bloggers voorzien vaak de mogelijkheid om contact op te nemen (via een e-mail adres) of ze laten duidelijk weten onder welke voorwaarden hun werken overgenomen mogen worden. Ook publiceren vele auteurs hun werk onder een 'Creative Commons'-licentie waardoor de gebruiker via een link te weten kan komen welk gebruik de auteur toestaat en aan welke voorwaarden, zonder dat hij de auteur persoonlijk hoeft te contacteren.

Neem en vermenigvuldig

Digitalisering laat de auteur toe zijn werk op nieuwe manieren te (laten) exploiteren. Terwijl een artikel of een foto in de analoge wereld vaak slechts eenmaal en in één vorm gebruikt wordt (de afdruk in een krant of tijdschrift), kunnen digitale werken gemakkelijker geëxporteerd worden naar verschillende formaten en, naarmate de technologie evolueert, op allerlei platforms en via uiteenlopende kanalen aangeboden worden. Zo kan een werk, al dan niet aangepast aan het medium, gepubliceerd worden in de papieren versie van de krant, op het online platform, maar ook kan het via RSS of per SMS aangekondigd worden (bijvoorbeeld de krantenkop en de belangrijkste titels), ingesproken worden en in een audio formaat verspreid worden (via streaming of in de vorm van een podcast), via mobiele diensten aangeboden worden of in het digitale archief ter beschikking gesteld worden. Technisch zijn er geen noemenswaardige obstakels, maar mag het wel? Een uitgever zal dezelfde creaties in zo veel mogelijk vormen willen exploiteren, maar mag dit niet zonder de toestemming van de auteur. Auteurscontracten moeten bovendien aan bijzondere regels voldoen. Zo moet de uitgever in principe in het contract met de auteur alle manieren waarop hij het werk zal exploiteren opnemen, zodat de auteur goed weet waartoe hoe zijn werk aangeboden zal worden (en hij hiervoor een passende vergoeding kan onderhandelen). Zo volstaat het niet om te voorzien dat een artikel 'in de krant' zal verschijnen, maar moet verduidelijkt worden dat het artikel in de papieren krant, op de website, in de nieuwsbrief etc. zal verschijnen, zodat de auteur niet voor verrassingen te staan komt. Ook kan de auteur geen gebruiksrechten overdragen voor exploitatievormen die bij het afsluiten van de overeenkomst nog niet gekend zijn. Voor auteurs die als werknemers of als freelancers die in opdracht werken geldt wel een soepeler regime. Als de uitgever dus oude artikels in zijn online archief wil opnemen, maar in het contract met de journalist werd hem geen enkel recht toegekend om het werk in een online omgeving te gebruiken, dan moet de uitgever opnieuw met de auteur aan de tafel gaan zitten om te onderhandelen over de exploitatie en de voorwaarden.

Niet alleen uitgevers kunnen hun voordeel doen met de digitale exploitatie van beschermde werken: andere mensen en ondernemingen gaan deze digitale werken voor hun eigen doeleinden gebruiken. Lezers en kijkers gaan interessante artikels delen, bijvoorbeeld door de 'deeplink' naar een webpagina rond te sturen, door het artikel zelf te e-mailen of te delen via sociale sites. Sommige uitgevers maken dit delen gemakkelijk door 'share' links aan de artikels toe te voegen, maar ook zonder vinden deze beschermde werken hun weg over het Web.

De nieuwe aggregatoren: leven en laten leven?

Nieuwsverzamelsites (*news aggregators*) zoals Google News of Nieuws.be zijn webeigen manieren om met nieuws om te gaan: nieuwsberichten van verschillende oorsprong worden automatisch verzameld en samengebracht op een overzichtssite, chronologisch of thematisch geordend. De uitbaters van de websites waarop de artikels oorspronkelijk gepubliceerd werden (krantenuitgevers, maar ook televisiestations, bloggers of nieuwssites met eigen inhoud) kunnen bezwaar hebben tegen deze verspreiding. Toestemming wordt namelijk niet gevraagd en een vergoeding wordt door de aggregators niet betaald. Bovendien gaat de lezer via de 'deeplink' rechtstreeks naar de artikelpagina, zonder langs de homepage te passeren. Hierdoor worden volgens sommige uitgevers minder lezers blootgesteld aan de advertenties op de hoofdpagina en verminderen deze in publicitaire waarde.

Kan de uitgever zich verzetten tegen deze praktijken? Vaak biedt de aggregatiedienst een opt-out mogelijkheid: in principe wordt de inhoud van de nieuwssites opgenomen in de nieuwsaggregatiesite, tenzij de e-publisher laat weten dat hij zich hiertegen verzet. Technisch bestaan er dus oplossingen om te verhinderen dat inhoud zo verspreid wordt. Zo kunnen de Robots Exclusion standaards gebruikt worden, met hun extensies. Daarnaast hebben uitgevers eigen technieken ontwikkeld die hun specifieke noden beantwoorden, zoals Automated Content Access Protocol of ACAP of het microformaat hNews van AP. Dit zijn geen manieren om de inhoud technisch te beveiligen (en dus ook niet als dusdanig beschermd), maar om de aggregator (zoekmachines, nieuws aggregatoren) in te lichten over de gebruiksbeperkingen. Deze technische oplossingen berusten volledig op het vrijwillige engagement om de uitgedrukte wensen en beperkingen te respecteren.

Intussen heeft de Belgische rechter zich in 2007 al over deze diensten uitgesproken, op aansturen van Copiepresse - de beheersvennootschap die zich voor de Franstalige en Duitstalige dagbladuitgevers verzette tegen de manier waarop de artikelen en foto's door Google gebruikt werden. Google werd hierbij veroordeeld wegens schending van het auteursrecht en moest het inbreukmakende gebruik stopzetten. In het bijzonder kwam de rechter tot het besluit dat het opnemen en de beschikbaarstelling van de beschermde werken zelf (in het bijzonder de foto's en de tekst van de artikels) in de cache van Google's zoekmachine en in de nieuwsdienst Google News gezien moesten worden als beschermde reproducties en mededelingen aan het publiek waarvoor dus de toestemming van de auteurs en/of uitgevers nodig was. Zonder voorafgaande toestemming mocht Google de werken dus niet in de cache van de zoekmachine opnemen of weergeven in Google News, dus werd Google veroordeeld tot de staking van deze auteursrechtelijke inbreuken. Tegen die beslissing is hoger beroep aangetekend.

ACTOREN

Overal mediaregulering

Lange tijd werd de inmenging door de overheid in de activiteiten van de pers of media als een beknotting van de persvrijheid beschouwd. De komst van massamedia, in de eerste plaats in de vorm van audiovisuele media en later de explosie van digitale media bracht daarin verandering. Dit zorgde voor een mediabeleid dat uiteen valt in diverse aspecten: mediaorganisatie, beperkte wetgeving inzake geschreven pers, uitgebreidere wetgeving inzake audiovisuele pers en tot slot informatie- en communicatievrijheid. Door de snelle technologische evolutie rijst wel meer en meer de vraag in welke mate de traditionele mediawetgeving - ooit geënt op de klassieke geschreven en audiovisuele pers - ook kan of moet worden toegepast op de digitale variant ervan en op nieuwe informatiediensten die sinds kort op de voorgrond traden. Wat het er voor de verscheidene mediaspelers niet makkelijker op maakt is het feit dat ze onderworpen zijn aan regelgeving van verschillende niveaus. Door het grensoverschrijdende karakter van de nieuwe mediadiensten wint de internationale en Europese regelgeving bovendien elke dag aan belang. Naast de internationale verdragen (bijvoorbeeld het Europees Verdrag voor de Rechten van de Mens)), vormen ook de Aanbevelingen van de Raad van Europa (met betrekking tot recht op bronnengeheim, recht van antwoord, bescherming minderjarigen enz.) en andere initiatieven van internationale organisaties zoals de WHO en UNESCO vaak een vertrekpunt voor verdere initiatieven op Europees en nationaal gebied. Op Europees niveau moet dan weer worden rekening gehouden met de Aanbevelingen, Richtlijnen en Verordeningen die worden uitgewerkt.

Voor audiovisuele mediadiensten riep de Europese wetgever in 2007 een Richtlijn in het leven die het hoofd moeten bieden aan lineaire (traditionele televisiediensten) en niet-lineaire (op aanvraag) diensten. Voor de geschreven pers riep dezelfde wetgever bewust geen specifieke mediaregels in het leven en wordt alles tot op heden aan de lidstaten overgelaten. Ook op Belgisch niveau is de regelgeving inzake mediabeleid terug te vinden op verscheidene niveaus. Op het niveau van de Grondwet worden onder andere de vrijheid van meningsuiting, de drukpersvrijheid en het verbod van preventieve (censuur)maatregelen gewaarborgd. Op federaal niveau zijn onder andere het recht op antwoord inzake geschreven media, het recht op bronnengeheim en de aansprakelijkheidsregeling inzake technische tussenpersonen geregeld naar nationaal Belgisch recht. Na verscheidene staatshervormingen werden meer en meer bevoegdheden overgeheveld naar de gemeenschappen (en gewesten), waaronder het mediabeleid (met uitzondering van bovenvermelde onderwerpen). Er werden ook verscheidene instanties op Vlaams niveau ingericht zoals de Vlaamse Sectorraad Media, de Vlaamse Regulator voor de Media, de Raad voor de Journalistiek en Medianet Vlaanderen.

Referentie:
Evi Werkers, 'The Legal Implications of Electronic Publishing in the 21st Century' in Y. Pasadeos (ed.), *Variety in Mass Communication Research*, 2009, ATINER, p. 161-178.

Mondje dicht: bronnengeheim

Het recht op geheimhouding van journalistieke bronnen vormt één van de hoekstenen van de persvrijheid. Een adequate bescherming is van cruciaal belang om het de pers mogelijk te maken het publiek in te lichten over kwesties van algemeen belang. Een journalist die zomaar zijn bronnen prijsgeeft, verliest immers veel van zijn geloofwaardigheid en zal vervolgens ongetwijfeld ook heel wat problemen ondervinden om nog goede bronnen te vinden. Bovendien is het bronnengeheim niet zozeer een journalistiek privilege, dan wel een attribuut van de waakhondfunctie die de pers moet vervullen en een attribuut van de informatievrijheid en het recht op informatie van het publiek, ook in de snel evoluerende nieuwe mediaomgeving. Tot vorig jaar was een expliciet recht op bronnengeheim enkel opgenomen in de deontologische codes van journalistenverenigingen. Een wettelijke erkenning van het bronnengeheim bleek noodzakelijk om voorgoed een einde te stellen aan de voortdurende spanningen tussen pers en gerecht op dit vlak. Na jarenlange onduidelijkheid over de draagwijdte van het journalistieke bronnengeheim, moest de Wet Bronnengeheim op 7 april 2005 soelaas brengen. Hoe biedt deze wet nu concrete bescherming?

Journalisten en redactiemedewerkers kunnen door gerecht en politie niet verplicht worden hun informatiebronnen bekend te maken en hebben het recht om deze te verzwijgen. Ze kunnen er dus niet toe worden gedwongen inlichtingen, opnames, documenten te verstrekken die ertoe zou kunnen leiden dat hun bronnen kunnen worden geïdentificeerd. Dit geldt zowel wanneer de journalist in kwestie wordt opgeroepen als getuige, als in verdenking gestelde, als beklaagde of als beschuldigde. Slechts in uitzonderlijke en welomschreven omstandigheden, met name om misdrijven te voorkomen die een ernstige bedreiging vormen voor de fysieke integriteit van één of meerdere personen, kan een rechter vorderen dat de informatiebronnen dienen te worden vrijgegeven. Bovendien moet voldaan zijn aan twee voorwaarden. Ten eerste moet de gevraagde informatie van cruciaal belang zijn voor het voorkomen van de misdrijven. Ten tweede moet worden aangetoond dat de informatie op geen enkele andere manier verkregen kan worden. Gegevens die betrekking hebben op journalistieke informatiebronnen mogen ook niet het voorwerp uitmaken van opsporing- en onderzoeksmaatregelen, tenzij om de hierboven voormelde misdrijven te voorkomen. Tot slot werd uitdrukkelijk bepaald dat een journalist niet kan worden vervolgd wegens heling van verduisterde of gestolen documenten of medeplichtigheid aan schending van het beroepsgeheim door derden (informanten) wanneer hij zijn recht uitoefent om zijn journalistieke bronnen te verzwijgen. Deze tactiek werd wel vaker door politie en gerecht in het verleden aangewend om journalisten te dwingen tot medewerking.

Op 7 juni 2006 velde het Arbitragehof een arrest met potentieel verreikende gevolgen voor de toepassing van deze wet. Het Hof breidde het toepassingsgebied 'ratione personae' uit waardoor vandaag iedereen die "informatie bestemd voor het publiek verzamelt, redigeert, produceert of verspreidt via een medium" zich kan beroepen op het bronnengeheim.

Referentie:
Evi Werkers, Eva Lievens & Peggy Valcke, 'Bronnengeheim voor bloggers?', *NjW* 2006, nr. 147, 630-636.

Zoek de uitgever

Wie uitgever is, was tot voor kort innig verweven met de manier waarop informatie geproduceerd en verspreid werd: op papier. Aan deze 'uitgever' werden rechten en plichten toegeschreven, zonder dat een wettelijke definitie precies omlijnde wie bedoeld werd. Maar wat gebeurt met deze rechten en plichten wanneer informatie niet meer tastbaar is en elektronisch via allerlei netwerken verspreid wordt, zonder dat het ooit op een drager wordt vastgelegd?

Naast het auteursrecht op de individuele bijdragen kan de krant (al dan niet in elektronische vorm) ook als compilatie beschermd worden. Als de krant een 'databank' is volgens de wettelijke definitie, dan kan dit geheel bovendien beschermd worden door het auteursrecht enerzijds en het databankenrecht anderzijds. Dit laatste beschermingsregime zorgt er voor dat de 'producent' rechten kan doen gelden op de inhoud van een databank die het resultaat is van een substantiële investering in de verkrijging, controle of presentatie van de inhoud. In sommige gevallen zal een uitgever dus de titularis van dit bijzondere databankenrecht zijn en zal hij de opvraging en/of het hergebruik van de hele of van een substantieel deel van de inhoud van zijn databank kunnen verbieden.

Alhoewel de 'uitgever' geen eigen 'auteursrechten' heeft en geen eigen naburige rechten kan doen gelden, heeft de 'uitgever' wel een plaats in Auteurswet. De Auteurswet definieert niet wie deze 'uitgever' is, maar gaandeweg werd hieraan in de praktijk en in de rechtspraak een invulling gegeven (afhankelijk van de toegepaste bepaling) die sterk verbonden was met de 'reproductie' van werken. In de analoge wereld heeft de uitgever een duidelijke plaats: zodra een werk op een materiele drager geëxploiteerd wordt, zoals in vorm van boeken of kranten (maar ook CDs of DVDs), kan er een 'uitgever' aan te pas komen die (een deel van) de wettelijke prerogatieven kan uitoefenen. Echter, in een digitale netwerkwereld kunnen werken gepubliceerd worden zonder dat ze op één materiële drager gedrukt, geperst of geprint worden. Wat te doen met publicaties die enkel online verschijnen? Of de websites van de omroepen, die dus geen papieren publicatie op de markt brengen, maar wel tekst en beelden online zetten? Betekent dit dat er voor dit soort elektronische publicaties geen 'uitgever' is? Er is misschien geen nood meer om materiële exemplaren van het werk te maken, maar andere taken die de uitgever traditioneel vervult, worden wel nog uitgevoerd. Het antwoord laat op zich wachten.

Zoek de digitale uitgever

De definitie van uitgever kan ook vanuit de optiek van het mediarecht worden beschouwd. De Wet van 8 april 1965 met betrekking tot het wettelijk depot definieert een uitgever als volgt: *"iedere natuurlijke of rechtspersoon die op zijn kosten een der bij artikel 1 van deze wet bedoelde werken uitgeeft of doet uitgeven (publicaties van alle aard, die vermenigvuldigd worden door middel van de drukkunst of van enige andere werkwijze).(...) Onder een numerieke drager wordt verstaan alle publicaties die worden gepubliceerd op materiële dragers zoals een diskette, een CDw, een CD-rom of een DVD, met uitzondering van de online publicaties."* Ook in de Belgische rechtspraak wordt niet echt stilgestaan bij de invulling van de notie 'uitgever'. In aansprakelijkheidskwesties komt de nadruk vooral te liggen op de gebruikte techniek die de uitgever aanwendt voor de publicatie, niet zozeer op de functie die de persoon vervult. In vele gevallen kan dit worden verklaard door het feit dat er toch een vorm van samenhang kan gedetecteerd worden met de bestaande print media. Een fax of 'e-post' krant of de publicatie van reportages en artikels op een website vertoont immers kenmerken die gelijkaardig zijn aan de bestaande publicaties van uitgevers (kranten, magazines). Ook fora werden reeds uitdrukkelijk erkend als de nieuwe 'gebruikelijke transmissiekanalen' voor informatie en opinies.

Door de technologische ontwikkelingen werd de vraag naar een invulling van het uitgeversbegrip zo mogelijk nog prangender. Het kenmerkende aan een web 2.0. omgeving is dat het de toegang / mogelijkheid tot publiceren openstelt voor derden. Kunnen deze uitbaters van gebruikersplatforms zoals Myspace, GoogleVideo, RSS Sharing websites of een internetencyclopedie als Wikipedia op gelijke voet met multimediale uitgevers worden gesteld of dienen ze eerder beschouwd te worden als een neutrale technische tussenpersoon (ISP)? De feiten zullen steeds een cruciale rol spelen in de beoordeling van een rechter of de leverancier een 'hosting' functie vervult dan wel door bepaalde ingrepen als uitgever dient te worden gekwalificeerd.

Referentie:
Evi Werkers, 'De omgang van de pers met gebruikersinhouden: de bluts met de buil?', *Auteurs en Media* 2009/5, 18 p. (in druk)

Wat is een journalist?

Maar niet alleen uitgevers kampen met een identiteitscrisis, ook journalisten, zien zich geconfronteerd met nieuwe concurrenten van een totaal andere soort. De sociale realiteit dwingt de notie 'journalist' in een breder perspectief te plaatsen dan voorheen. Het internet biedt immers een platform met ongekende mogelijkheden: interactief, gratis, anoniem, onbeperkte opslagruimte, multimediaal en zonder tussenkomst van een eindredacteur, uitgever of investeerder kunnen we allemaal vrij informatie, onze mening of creativiteit de vrije loop laten. De motieven zijn uiteenlopend: tijdverdrijf, plezier, delen van indrukken, maatschappelijke relevantie enz. De vraag rijst in welke mate ook deze nieuwe leveranciers van content / inhoud door het leven kunnen gaan als 'journalist'. Kunnen zij mee de rol opnemen van 'waakhond' in onze democratische samenleving? En zich bijgevolg beroepen op de persvrijheid de aanvullende waarborgen die in de Belgische wetgeving en de (internationale) rechtspraak werden ontwikkeld (zoals een recht op bronnengeheim)?

Een juridische definitie van 'de journalist' bestond lange tijd niet. De wettelijke erkenning van het recht op bronnengeheim bracht daar verandering in. Maar de wet zag nog maar net het licht toen de Belgische wetgever op de vingers werd getikt door het Grondwettelijke Hof omdat een ongelijke behandeling in het leven werd geroepen en de persvrijheid bovendien in het gedrang werd gebracht. De definitie '*eenieder die een rechtstreekse bijdrage levert tot het verzamelen, redigeren, produceren of verspreiden van informatie voor het publiek via een medium*' is erg breed en kan (zoals we reeds opmerkten) probleemloos worden toegepast op de meerderheid van de weblogs. We stellen vast dat het Hof Mensenrechten tot hiertoe nooit heeft vereist dat de personen die zich beroepen op het recht op bronnengeheim 'professionele' journalisten zouden zijn of 'regelmatig' een rechtstreekse bijdrage zouden leveren. Anderzijds betroffen de rechtszaken de facto wel steeds journalisten die professioneel actief waren.

In bepaalde gevallen kan men zich effectief afvragen waarom informatie vermeld op een blog, door een expert gepost, minder waardevol zou zijn dan een artikel gepubliceerd in een traditionele krant. Toch lijkt het opportuun om ook bij nieuwe vormen van journalistiek 'het kaf van het koren' te scheiden en het begrip journalist (waaraan dan bepaalde rechten - maar ook plichten -

verbonden zouden zijn) uit te breiden tot degene die weliswaar niet-beroepsmatig, maar wel op een gedegen manier aan informatiegaring en -verspreiding doen, eerder dan (zoals het Arbitragehof heeft gedaan) elke verwijzing naar de term journalist te laten vallen. Die 'gedegen manier' zou kunnen worden afgemeten aan het in de praktijk naleven van deontologische regels en de zorgvuldigheid die aan de dag werd gelegd.

Referentie:
Evi Werkers, Katrien Lefever & Peggy Valcke, 'One world one dream? Blogging at the Beijing Olympic Games', in I. Blacksham, S.Cornelius, R. Siekmann (eds.) *TV Rights and Sport. Legal aspects*, T.M.C. Asser Press, The Hague, 157-177.

Regels voor prosumers

De rol van consument in de nieuwe mediaomgeving is duidelijk geëvolueerd. De voorheen passieve consument die alle nieuws dat door de traditionele media werd voorgeschoteld gewoon onderging, zag een nieuwe wereld opengaan. In de Web 2.0 omgeving zijn vele gebruikers zich niet altijd bewust van de juridische implicaties wanneer zij inhoud (tekst, video, foto van eigen makelij of van anderen) op het internet plaatsen. Het internet lijkt een aparte virtuele wereld waar geen regels gelden, maar niets is minder waar. Zowel in de offline als in de online wereld hebben alle betrokkenen bepaalde rechten en plichten. Bepaalde 'internauten' staan er niet bij stil dat door het online plaatsen van een foto waarop een persoon herkenbaar is afgebeeld, het kopiëren van een tekst en het creëren van 'deeplinks' ze zich al snel in het vaarwater begeven van andermans rechten waardoor de door hen aangeleverde content als 'illegaal' kan worden bestempeld. Verscheidenen onder hen ondervinden dan ook steeds meer persoonlijk de gevolgen van hun internetactiviteiten. Zo werd de blogger Walter Maes gedagvaard door de kunstenaar Herpoel wiens eer werd aangetast door de uitlatingen van Maes op diens weblog. Daarnaast zijn er talrijke voorbeelden van bloggers die op staande voet ontslagen werden nadat er werd gestuit op blogposts die het bedrijf of de werkgever in een negatief daglicht stelden, bloggers die hun ongenoegen uitten omtrent bepaalde diensten of producten en door de onderneming in kwestie gedagvaard worden wegens schade die aan de reputatie van het bedrijf werd toegebracht, enzovoort.

Feit is wel dat de wetgeving niet altijd op maat geschreven is van deze nieuwe mediafenomenen, wat wel eens zorgt voor vraagtekens. Zo bestaat er geen discussie over dat de persoon die illegale inhouden online plaatst ook de eerste in lijn is die zal worden aangesproken, maar ook dat een online blogger evenzeer als een journalist of uitgever zijn recht op vrije meningsuiting in de online sfeer kan inroepen. De grens tussen de zogenaamde 'professionele' en 'niet-professionele' journalist vervaagt steeds meer. De vraag rijst dan ook of publicerende lezers / kijkers zich op dezelfde journalistieke rechten kunnen beroepen als professionele journalisten. Uiteindelijk dragen zij immers ook toe aan de het publiek debat in de democratische samenleving. Een andere kwestie betreft dan weer of van hen ook mag worden verwacht dat zij de deontologische code van journalisten volgen zoals het zorgvuldig controleren van de informatiebronnen. Het is een understatement dat weblogs vaak niet bepaald waarheidsgetrouw zijn en soms nogal ongenuanceerd. Er lijkt zich alleszins een tendens af te tekenen waarbij webloggers dezelfde rechten krijgen toegekend als de gewone journalist. We kunnen daarbij referen naar de recente rechtspraak omtrent het recht op bronnengeheim. Of ook webloggers aan hetzelfde aansprakelijkheidsregime als journalisten in de drukpers of audiovisuele pers kunnen worden onderworpen, is vooralsnog onduidelijk.

Gebruikersrechten ongewis

Anders dan in een papieren context heeft het loutere lezen van een beschermd werk in een elektronische omgeving auteursrechtelijke implicaties. Dit gebruik rust immers op reproductie, niet alleen op de server waar het nieuws geconsulteerd wordt, maar ook op de computer, laptop, e-reader, mobiele telefoon of ander toestel dat waarop het nieuws weergegeven wordt. Dit maakt dat ook dit gebruik in beginsel onder het monopolie van de auteur valt, tenzij een wettelijke uitzondering het gebruik van het werk toelaat zonder zijn toestemming. In beginsel, maar in de praktijk ligt dat toch ingewikkelder. Anders dan vroeger worden digitale netwerktechnologieën gebruikt om de journalistieke werken zelf (de artikels, de foto's,...) te verspreiden via e-mail, nieuwsgroepen, blogs, recenter via sociale media. Deze gebruiken zijn weliswaar sociaal ingeburgerd maar in principe onveranderd beheerst door het auteursrecht: wordt een beschermde werk (gedeeltelijk) aan het 'publiek' meegedeeld, dan is de (voorafgaande) toestemming van de rechthebbende (de auteur resp. de uitgever) nodig. Een uitzondering die het loutere delen van werken dekt is niet voorhanden.

Sommige uitgevers maken het de gebruiker gemakkelijk en bieden bij de artikels verschillende mogelijkheden aan om het artikel te delen ('share') - wat niet altijd overeenstemt met wat in de gebruiksvoorwaarden voorzien is. Wordt het beschermde werk dan weer opgenomen in een eigen creatie of publicatie, dan kunnen bepaalde uitzonderingen wel van toepassing zijn (zoals die voor de verslaggeving rond actuele gebeurtenissen), als aan de strikte voorwaarden voldaan is (met name het citaatrecht wordt beperkt door de doelvereiste).

Sommige actieve nieuwsgebruikers gaan de dialoog met nieuwsproducenten en andere nieuwsgebruikers aan (bijvoorbeeld in commentaren, discussiefora, als informant of verstrekker van beeldmateriaal). Meer nog, gebruikers kunnen zich als burgerjournalisten aan de productie van nieuws wagen (bijvoorbeeld festival-verslagen in beeld en/of tekst). Deze bijdragen kunnen als auteurswerken beschermd worden, los van inhoudelijke of commerciële waarde (voor gebruiker/auteur en voor uitgever/platform aanbieder). De gebruiker wordt dus als auteur erkend die ten opzichte van de uitgever/exploitant exclusieve rechten kan doen gelden. Dat hij geen professionele journalist is verandert hier niets aan. Omgekeerd kunnen gebruikers beschermde creaties in de hunne opnemen en zijn ze gehouden deze auteursrechten (of naburige rechten) te respecteren. In beide hoedanigheden (als auteur en als gebruiker) wordt de 'gebruiker' geconfronteerd met complexe auteursrechtelijke kwesties. Op deze gebruikers zijn - voorlopig - dezelfde auteursrechtelijke regels van toepassing. Dit complexe gebruik is ook de Europese Commissie niet ontgaan, al weet die voorlopig ook niet hoe hiermee om te gaan.

KADERS

Convergentie - een juridische term

Er kan een onderscheid worden gemaakt in convergentie op verscheidene niveaus. namelijk op het niveau van diensten, netwerken en gebruikersapparaten. Door de snelle mediatechnologische ontwikkelingen is content steeds meer mediumonafhankelijk geworden. Een nieuwsartikel kan tegenwoordig worden gelezen in een krant of tijdschrift, op internet, via de mobiele telefoon of via digitale televisie. Mediaondernemingen uit verschillende sectoren die tevoren perfect langs elkaar functioneerden, worden plots geconfronteerd met hun concurrenten in dezelfde digitale omgeving. Iedereen vist in dezelfde 'content vijver'.

Traditioneel is het mediabeleid altijd sectorspecifiek geweest. Waar de schrijvende pers zo vrij mogelijk werd gelaten om de vrijheid van meningsuiting te waarborgen, werden de audiovisuele media door de schaarste aan uitzendfrequenties en wegens angst voor de mogelijke invloed van dit mediumtype van oudsher strakker gereguleerd. Op het vlak van regulering leidde de convergentie van geschreven, audiovisuele en elektronische media vooralsnog zelden tot samenvloeiingen maar veeleer tot contradicties en leemtes. De vraag is of de strakke indeling in geschreven en audiovisuele pers nog wel bestand is tegen de huidige digitalisering en of er voor de elektronische media geen apart uniform regime moet worden uitgewerkt.

Een bijkomend probleem is het internationale, grensoverschrijdende karakter van de nieuwe informatie- en communicatieomgeving, wat de handhaving van het recht niet vergemakkelijkt. Een toename van Europese en internationale wetgeving lijkt dan ook haast onvermijdelijk. Naarmate mediainhoud grenzen overschrijdt zullen immers ook meer en meer nationale wetgevers claimen bevoegd te zijn en trachten deze aan uiteenlopende inhoudelijke wetgeving te onderwerpen.

Referentie:
Caroline Uyttendaele, Openbare informatie. Het juridische statuut in eeconvergerende mediaomgeving, Antwerpen, Maklu, 2002, 363 p.

De vrije meningsuiting en haar begrenzingen

Het recht op vrije meningsuiting of expressievrijheid is één van de fundamentele rechten die in verscheidene Internationale Verdragen bescherming werd toegekend. Het Europees Verdrag voor de Rechten van de Mens geeft een ruime, moderne definitie aan dit fundamentele recht en beschermt alle onderdelen van een communicatieproces, meer bepaald het uiten, verzenden en ontvangen van informatie en opinies. De communicatievrijheid is het fundament voor een democratische, pluralistische samenleving en in het bijzonder voor de journalist om zijn rol als 'waakhond' te kunnen vervullen. Ook een internaut kan zich probleemloos op dit fundamentele recht beroepen.

Heden ten dage neemt de bezorgdheid toe omtrent een nieuwe vorm van censuur, meer bepaald 'cyber-repression' of internetcensuur. Denken we bijvoorbeeld maar aan de politieke druk die in China is uitgeoefend op bepaalde internetspelers. Dit is zeker geen ver-van-mijn-bed-show. Over de hele wereld worden er dagelijks berichten op weblogs verwijderd (vaak in kort geding) en / of webloggers gearresteerd wegens afwijkende religieuze / politieke meningen. Maar ook parodiërende websites / cartoons of provocerend taalgebruik waar aanstoot aan wordt genomen zijn vaak voldoende om een klacht in te dienen. Maar het recht op vrije meningsuiting is geen onbeperkt of absoluut recht. Het brengt ook plichten of verantwoordelijkheden met zich mee. De uitoefening van de vrijheid kan immers aanleiding geven tot onaanvaardbare misbruiken en schade toebrengen aan de belangen van derden of van de maatschappij. Beperkingen zijn in bepaalde omstandigheden dan ook wel verantwoord. Vaak zal de vrijheid van meningsuiting die een journalist inroept worden afgewogen tegen andere grondrechten. In het digitale tijdperk is dat niet anders.

Beperkingen opleggen aan de vrijheid van meningsuiting kan echter niet zomaar. Deze zijn enkel toegestaan indien aan drie cumulatieve voorwaarden is voldaan. De beperking moet: (1) voorzien zijn bij wet (Het moet gaan om een regel van Belgisch recht die toegankelijk is, die voldoende precies is geformuleerd en een voldoende basis biedt zodat de inmenging van overheidswege), (2) strikt noodzakelijk zijn in een democratische samenleving en legitiem zijn (De inmenging moet kunnen worden verantwoord wegens een dwingende sociale behoefte en pertinent en evenredig zijn aan het legitiem nagestreefde doel), en (3) proportioneel zijn (De beperking mag niet verder gaan dan noodzakelijk is voor het bereiken van het wettig nagestreefde doel). Het zijn vaak uiterst delicate evenwichtsoefeningen waarbij de vrijheid van meningsuiting moet worden afgewogen tegen andere fundamentele vrijheden.

Referentie:
Eva Lievens, Peggy Valcke & David Stevens, 'Vrijheid van meningsuiting', in Rogier De Corte (ed.), *Praktijkboek Recht & Internet*, Brugge, Vanden Broele, 2005, p. 77.

Welke rol speelt Europa in het (audiovisueel) mediabeleid?

Europa grijpt enkel in bij grensoverschrijdende media, voor het overige blijft het mediabeleid een nationale aangelegenheid die door de lidstaten zelf wordt ingevuld. Het doel is niet zozeer de media te reguleren dan wel te waarborgen dat internationale mediabedrijven alle voordeel kunnen halen uit de interne markt. De beschikbaarheid van nieuwe aantrekkelijke Europese content is een conditio sine qua non om zowel het succes van nieuwe technologieën te verzekeren. Er wordt onder meer gestreefd naar het wegwerken van verschillen in nationale regels die het vrij verkeer van digitale diensten verhinderen en naar de ondersteuning van het vertrouwen van de consument. De huidige licenties en business modellen zijn nog te zeer gericht op territoriale afbakening en traditionele spelers.

Het internet as such zal niet worden gereguleerd. Wel wordt er naar een evenwicht gestreefd tussen het opleggen van lichte verantwoordelijkheden aan de media-industrie (om ook de mededinging aan te wakkeren) en het nastreven van doeleinden van publiek belang zoals de bescherming de menselijke waardigheid. Ook in een on-demand omgeving moeten fundamentele waarden immers beschermd blijven. Het is in deze context dat de herziening van het telecom-pakket, bescherming van persvrijheid, mediapluralisme, mediageletterdheid en de uitbouw van een Richtlijn Consumentenrechten (eYouGuide) moet worden geplaatst.

De Europese wetgever nam de proef op de som in het uittekenen van het audiovisuele mediabeleid. Sinds 2007 werden nieuwe regels ingevoerd ten aanzien van audiovisuele media door de

Richtlijn Audiovisuele Mediadiensten. Deze Richtlijn riep een onderscheid in het leven tussen lineaire diensten (voorgeprogrammeerd), en niet-lineaire diensten ('on demand'). Deze laatste werden onder een regime geplaatst dat hen enkel aan strikte minimumverplichtingen onderwerpt. Waarom dit onderscheid? De Europese wetgever verwijst naar de geringere impact van diensten op aanvraag en naar het feit dat de gebruiker zelf het tijdstip en de inhoud van het programma dat hij bekijkt / beluistert, bepaalt. De regels met betrekking tot commerciële communicatie (televisiereclame, telewinkelen, sponsoring, productplaatsing) zijn herzien. Verder werden zelf- en coregulering met betrekking tot niet-lineaire diensten gestimuleerd. In plaats van 'hard law' wordt er naar gestreefd dat de sector zelf oplossingen ('soft law': gedragscodes, labels, filters) uitwerkt die een antwoord bieden op problemen zoals de bescherming van minderjarigen tegen schadelijke of illegale inhoud.

De Richtlijn werd in maart 2009 in Vlaanderen omgezet in een Decreet betreffende de radio-omroep. Het Decreet - dat reeds in 2007 op punt werd gezet naar aanleiding van onduidelijkheden omtrent webtelevisie en blogs van politieke partijen in de aanloop naar de verkiezingen - is van toepassing op alle 'omroepactiviteiten' en dekt zowel economische als particuliere (niet-economische) audiovisuele en auditieve activiteiten. Niet-professionele activiteiten ('user generated content').vallen onder het toepassingsgebied van het Decreet maar krijgen minimale verplichtingen opgelegd zoals het verbod aan te zetten tot haat en geweld. Een bijzondere categorie van deze 'omroepacitiviteiten', namelijk 'omroepdiensten' werden in de Richtlijn opgedeeld in 'push' en 'pull' diensten waarbij de laatste aan een lichter regime werd onderworpen. Het is wel de vraag of dit onderscheid een toekomstgerichte visie is. Verder wijkt het Decreet in bepaalde opzichten af van de Richtlijn. De Vlaamse wetgever riep een drielagenmodel in het leven. Naast de inhoudslaag (omroepen) en transportlaag (netwerkoperatoren) werden minimumplichten in het leven geroepen ten aanzien van de dienstenverdeler (aggregator).

Referentie:
Independent Study on indicators for Media Pluralism in the Member States - Towards a risk-based approach by ICRI, MMTC, CMCS, Ernst & Young, Leuven, July 2009.

Grenzen aan de journalistiek

Wat zijn de gevolgen als journalisten over de schreef gaan? Tegen wie kan een vordering tot schadevergoeding worden ingesteld? Bij deze vragen moet een onderscheid worden gemaakt tussen drie niveaus: strafrechtelijke aansprakelijkheid, civielrechtelijke aansprakelijkheid en de aansprakelijkheid van tussenpersonen. In België bestaat een aparte regeling met betrekking tot 'drukpersmisdrijven' waar voorts twee waarborgen aan gekoppeld werden. Meer bepaald: berechting voor een volksjury indien er een strafrechtelijke procedure wordt ingesteld en een systeem van getrapte aansprakelijkheid (ook wel 'cascadebeginsel' genoemd). De vraag rijst of hetzelfde regime ook moet worden toegepast op gelijkaardige misdrijven gepleegd door middel van elektronische media.

Een groeiend aantal rechters en rechtsgeleerden lijkt gewonnen voor een moderne interpretatie van het regime. Maar ook dit verloopt niet zonder problemen want hoe moet de getrapte aansprakelijkheidsregeling worden toegepast op het internet? Kunnen in dat geval de website eigenaar, host provider en/of andere tussenpersonen worden gelijkgeschakeld met de functie van de uitgever, drukker, verdeler? Of moet er een apart aansprakelijkheidsregime voor elektronische persmisdrijven worden uitgewerkt?

Wat (civielrechtelijke) schade door elektronische pers betreft is er evenmin een specifieke regeling. Nochtans kan door middel van het internet veel meer schade worden berokkend dan via klassieke media. Ook hier rijst de vraag welk aansprakelijkheidsregime op het internet dient te worden toegepast voor elektronische publicaties: die van toepassing op de printmedia (getrapte aansprakelijkheid), die van de audiovisuele media (aansprakelijkheid betrokkenen) of alsnog een apart regime? Maar ook de toepassing van andere rechtsmiddelen in de online omgeving wordt tot op heden alleen fragmentair opgelost. Zo bestaat er nu wel een regeling betreffende een recht van antwoord bij 'on-demand' audiovisuele diensten, maar niet voor andere media (bijvoorbeeld artikels die in print en online verschijnen).

Tussenpersonen die een louter technische functie vervullen ('internet service providers') zijn vrijgesteld van aansprakelijkheid bij drie activiteiten, namelijk 'mere conduit' (technisch doorgeefluik), 'caching' (tijdelijk opslaan van gegevens om doorgifte efficiënter te laten verlopen) en 'hosting' (opslagcapaciteit aanbieden voor websites). In geval van 'hosting' wordt een dienstverlener vrijgesteld van aansprakelijkheid indien hij kan aantonen dat hij geen kennis had van de onwettige activiteit of informatie, of geen kennis had van feiten/omstandigheden waaruit het onwettelijke karakter van de activiteit bleek. Op 'host providers' werd de moeilijke taak gelegd te beoordelen wanneer een klacht geloofwaardig is of wanneer een derde die inhouden aanvoert over de schreef gaat, waarna de (beweerde illegale) informatie van de website 'prompt' moet worden verwijderd of ontoegankelijk moet worden gemaakt. Tussenpersonen zijn snel geneigd om dit verzoek in te willigen uit vrees voor schadevorderingen wat aanleiding geeft tot privé-censuur ('chilling effect').

Referentie:
Fanny Coudert and Evi Werkers, ' In The Aftermath of the Promusicae Case: How to Strike the Balance?', *International Journal of Law and Information Technology*, Advanced Access, October 2008.

JOURNALISTIEKE KWALITEIT

Steve Paulissen
Sander Spek

BUZZWORDS

Maak voort, maak voort
Iedereen journalist
Meer van hetzelfde
De rijkdom van multimedia
De betrouwbaarheid van het web

ACTOREN

Ten dienste van het publiek
Meer met minder middelen
De consument als producent en marketeer
Nieuwe informatiebehoeften
Opleidingen: leren innoveren
De crossmediale redactie

KADERS

Het einde van de gatekeeper
Het oncontroleerbare web
Nieuwe tijden, nieuwe gebruiken
Een overvloed aan informatie

BUZZWORDS

Maak voort, maak voort

Oliver Luft typeert de papieren krant als "a product that is already out-of-date before it is consumed". Nieuws is overal en kranten beseffen dat ze bij voorbaat de strijd om de meest up-to-date informatie verliezen van andere media. Via hun online edities kunnen ze echter sneller nieuws aanbieden aan hun lezers.

Snelheid heeft implicaties voor de kwaliteit en accuraatheid van de berichtgeving. Journalisten werken tegen een constante deadline. Ze moeten feiten 'à la minute' verwerken tot nieuwsberichten, die ze sneller dan de concurrentie proberen te verspreiden. Van weloverwogen eindredactie is dan nog zelden sprake, zodat fouten niet of te laat worden opgemerkt. Websites als het Nederlandse Nu.nl werken zelfs altijd zonder eindredactie.

Door de hoge tijdsdruk in een hyperconcurrentiële omgeving is het vaak balanceren tussen snelheid en accuraatheid. Het is verleidelijk om informatie direct van andere nieuwsmedia of sites als Twitter over te nemen. Klassieke journalistieke principes als het checken en dubbelchecken van informatie komen dan onder druk te staan.

De BBC besloot begin 2006 om kwalitatieve berichtgeving resoluut te laten primeren op snelle berichtgeving (Uit hun Editorial Guidelines: "For the BBC accuracy is more important than speed and it is often more than a question of getting the facts right.").

Iedereen journalist

Al in 2006 wees de World Association of Newspapers (WAN) de ontwikkelingen op het vlak van 'citizen journalism' aan als een van de belangrijkste trends op de nieuwsmarkt. De opkomst (of heropleving) van 'citizen journalism' past binnen de hele evolutie van web 2.0 en een toename van 'user-generated content'. Burgers beginnen zelf meer en meer nieuws te maken en verspreiden, via weblogs, Twitter of allerhande nieuwe digitale platforms.

Zowel internationaal als nationaal proberen traditionele media in te spelen op de trend van burgerjournalistiek. Schuchtere pogingen zijn bijvoorbeeld een toenemend gebruik van amateurfoto's en -video's in de redactionele berichtgeving of het gebruik van weblogs als journalistieke bron. Andere media spelen in op de trend van 'citizen media' door zelf platforms te creëren waar burgers hun content kunnen plaatsen. Hierdoor vervagen de grenzen tussen producenten en consumenten (zie ook nieuwe termen zoals 'prosumers' of 'produsers'). Burgers blijven niet langer louter in de rol van passieve ontvangers, maar kunnen ook meer actief meewerken aan de productie van nieuws. In de toekomst zullen nieuwe redactionele modellen ontstaan, waarbij: (1) burgers actief samenwerken met journalisten in de nieuwsproductie; en (2) gebruikersgegenereerde content - gaande van commentaren op de journalistieke berichten en blogposts over amateurfoto's tot filmpjes gepost op YouTube - een meer prominente plaats vinden in de berichtgeving.

De stijgende macht van de gebruiker in de content-creatie heeft niet alleen gevolgen voor de rol van de professionele redacties, maar ook voor de inhoud zelf. Gebruikersgegenereerde content creëert problemen met betrekking tot de betrouwbaarheid, in die zin dat in principe om het even wie om het even wat kan publiceren. Veel gebruikers blijven zich dan ook wenden tot de professionele journalisten voor selectie, oriëntatie en duiding van de relevante en betrouwbare informatie.

Meer van hetzelfde

Online media kenmerken zich door een groot aandeel 'shovelware': content die is overgenomen van andere media. Artikels uit de papieren krant worden vaak hergebruikt als content voor de online krant. Nick Davies noemt dit 'churnalism' ('to churn' betekent 'omroeren'), en bespreekt deze trend in zijn boek Flat Earth News (2008). Dergelijk hergebruik van content vergt uiteraard een beperkte redactionele kost. Technologische ontwikkelingen zorgen ervoor dat de aggregatie en integratie van content van andere media almaar eenvoudiger en zelfs automatisch kan gebeuren, zonder dat hiervoor nog enige redactionele, of überhaupt menselijke, interventie nodig is. Zie bijvoorbeeld Google News.
Een mogelijk nadeel van dit continue hergebruik van content is een verschraling en homogenisering van het totale aanbod.

Steeds meer kranten besparen op hun correspondentennetwerk. Zeker online beperken nieuwsredacties zich meer en meer tot het overnemen van nieuws dat eerder al door andere media - of het nu gaat om persbureaus, kranten of weblogs - werd verspreid. Deze berichten worden in veel gevallen niet tot licht geredigeerd alvorens ze worden gepubliceerd. Voor eigen, originele berichtgeving blijft weinig ruimte.

Het hergebruik van content is niet alleen mogelijk nadelig voor de mediadiversiteit, maar heeft ook implicaties voor de bedrijfsmodellen van online kranten. Het spreekt voor zich dat gebruikers niet willen betalen voor content die men elders ook gratis kan vinden. Betalende modellen lijken enkel te slagen voor media die meerwaarde weten te creëren via unieke berichtgeving en originele, primaire nieuwsproductie.

Sommige nieuwsproducenten zien echter ook kansen in deze trend. Zo heeft de Britse krant The Guardian in 2009 haar 'Open Platform' geïntroduceerd. Middels een API (Application Programming Interface) kunnen derden (lezers) toepassingen en 'mash-ups' maken die gebruik maken van de artikelen die The Guardian online publiceert.

De rijkdom van multimedia

Net als de print-, radio- en tv-journalistiek heeft de online journalistiek haar eigen logica en mediumspecifieke kenmerken. Naast interactiviteit en de mogelijkheid om informatie onmiddellijk te verspreiden wordt ook vaak verwezen naar het hypertekstuele en multimediale karakter van het internet.

Door het gebruik van hypertext kunnen online journalisten hun berichten makkelijk uitdiepen en in een gelaagde structuur presenteren. Naarmate de gebruiker dan verder klikt, geraakt hij dieper en dieper geïnformeerd over het behandelde onderwerp. Links kunnen verwijzen naar archiefmateriaal op de eigen website of naar andere perspectieven op andere sites. Verschillende online kranten bieden 'dossiers' aan, waarin alle berichten rond een bepaald thema worden samengebracht. Op die manier wordt de content voorzien van een rijkere context.

Hetzelfde geldt voor het gebruik van multimedia. In tegenstelling tot traditionele media, biedt het internet de mogelijkheid om tekst, (bewegend) beeld en geluid te integreren in de nieuwsberichtgeving. Dit biedt als voordeel dat de online journalist zijn verhalen kan presenteren in de vorm die er het best bij past. Ook kunnen er combinaties gevonden worden, zoals een tekstueel artikel dat aangevuld wordt met een video-interview of een dynamische infographic.

Studies tonen echter aan dat de online journalistiek tot nog toe te weinig gebruik maakt van de mogelijkheden op het vlak van interactiviteit, hypertext en multimedia. Dit heeft onder meer te maken met de krappe bemanning van online redacties, die vaak tien tot twintig keer kleiner zijn dan krantenredacties. Door de beperkte mankracht en middelen beperken de meeste online media zich noodgedwongen tot het opvolgen van snelnieuws en het herbewerken van content van andere media. Voor journalistieke diepgang en context is weinig of geen ruimte.

Wel komen er steeds meer tools op de markt die het creëren van multimedia content vergemakkelijken. Denk bijvoorbeeld aan kleine camera's als de Flip, maar ook aan online tools als Dipity waarmee men eenvoudig een tijdlijn kan maken om die als Flash-file te 'embedden' (integreren) in een online artikel. In deze tijdlijn kan men dan weer links naar oudere artikelen verwerken.

Een inspirerend voorbeeld van het gebruik van multimediale technieken is te vinden op de weblog De Nieuwe Reporter. Hun zomerreporter Lex Boon trok in 2009 door Europa op zoek naar succesvolle kranten. Al zijn tekstuele verslagen werden vergezeld van een door hem zelf gemaakte multimediale aanvulling, (http://www.denieuwereporter.nl/tag/zomerreporter/) wat gebruik voorbij de eerste publicatie aantrekkelijk maakt.

De betrouwbaarheid van het web

Bij traditionele media kan de gebruiker ervan uitgaan dat de informatie die hij via kranten, tijdschriften, boeken, radio of tv consumeert, voorafgaand aan de publicatie geverifieerd werd door een professionele journalist. Op het internet is dit niet het geval. Iedereen kan immers informatie online plaatsen en weinig burgers hebben de terughoudendheid om journalistieke controles toe te passen alvorens ze de informatie - bijvoorbeeld op hun eigen weblog, Facebook of Twitter - online plaatsen. De almaar toenemende snelheid waarmee journalisten zelf hun berichten moeten produceren maakt de verificatie nog problematischer. Als gevolg daarvan lijkt ook het vertrouwen van het publiek in de betrouwbaarheid en geloofwaardigheid van de professionele media te dalen.

Uiteraard maken niet alleen de media zich zorgen over de (on)betrouwbaarheid van digitaal aangereikte informatie. De voorbije jaren zijn er op het internet zelf talrijke mechanismen ontstaan die een zekere controle op de betrouwbaarheid van informatie mogelijk maken. Een van de technieken is digitale 'watermarking', een techniek waarmee aan de hand van verborgen metadata informatie kan worden meegegeven over de auteur, bron en betrouwbaarheid van de content. Digitale media kunnen hun content hierdoor niet alleen beter auteursrechtelijk beschermen, maar voorzien het meteen ook van een soort 'kwaliteitslabel'. Sterke nieuwsmerken kunnen hun betrouwbaarheid dan als een 'unique selling point' gebruiken.

Een ander mechanisme is dat van de zelfcontrole. Wie op het internet een betrouwbare reputatie wil opbouwen, kan er maar beter over waken dat zijn informatie correct is. Het interactieve karakter van het internet biedt de gebruiker immers de mogelijkheid om te reageren op onjuiste of onvolledige informatie. Zeker op weblogs en bij 'community media' kan dit zeer eenvoudig en op verschillende manieren: gebruikers kunnen onder een bepaald post hun eigen reactie posten, maar ze kunnen berichten ook beoordelen ('rating') of er een link naar voorzien vanuit hun eigen site/blog. Bloggers die veel trafiek genereren, veel positieve reacties en hoge ratings krijgen en naar wie vaak gelinkt wordt, weten zo bij hun community een betrouwbare status op te bouwen.

ACTOREN

Ten dienste van het publiek

Verschillende studies wijzen op een vertrouwensbreuk tussen journalisten en hun publiek. Steeds meer stellen onderzoekers vast dat de journalistieke agenda weinig of niet overeenstemt met wat het publiek werkelijk bezighoudt. Meer en meer mensen - vooral de jongere generaties - wenden zich af van de traditionele media of geraken zelfs volledig 'tuned out', zoals David Mindich uitlegt in zijn boek 'Tuned out: Why Americans Under 40 Don't Follow the News' (2005).

De media en de journalistiek zullen dan ook nieuwe wegen moeten vinden om de burger terug te bereiken. Hiervoor zullen ze beter moeten inspelen op de veranderingen in het consumptiegedrag en de leefwereld van gebruikers in een digitale mediaomgeving.

Uiteraard biedt het internet hierbij ook kansen. Kranten kunnen door hun eigen bezoekcijfers te analyseren, de blogosphere en twittersphere in de gaten te houden en via allerlei feedbackmechanismen veel leren over de interesses van het publiek. Dit publiek is immers mondiger geworden, heeft meer te kiezen dan ooit te voren en leert allengs hoe je snel de boodschap kunt beoordelen aan de bron. Bedient de krant hem of haar niet voldoende, dan is de vogel snel gevlogen.

Meer met minder middelen

Op verschillende manieren proberen mediabedrijven hun strategieën aan te passen aan de veranderende mediamarkt. Deze strategieën zijn er in de eerste plaats op gericht om meer te doen met minder middelen. Om in te spelen op de fragmentering van het publiek en de convergentie tussen traditionele en nieuwe media, proberen ze hun content aan te bieden langs verschillende kanalen ('windowing of content'). Veel kranten bieden content aan in gedrukte versie, maar ook via de website, in een pdf-kopie, via nieuwsbrieven, via sms- en pda-diensten, via sites als PressDisplay, etcetera. Meestal proberen ze dit te doen met een minimum aan extra mankracht en wordt dezelfde content over zoveel mogelijk verschillende kanalen verspreid (produce once, publish many). Nieuwe content management systemen (CMS) laten toe om de content op een eenvoudige manier over deze verschillende kanalen te verspreiden.

Er zijn ook mediabedrijven die zich hardnekkig verzetten tegen het doorplaatsen van berichten op verschillende kanalen. Zo werken de redacties van Het Laatste Nieuws en hln.be volledig gescheiden. Hierdoor zal er soms werk dubbel worden gedaan, maar het zorgt wel voor content die specifiek voor een bepaald medium gemaakt is.

Mediabedrijven tonen ook een sterke interesse in de trend van burgerjournalistiek. Door vrijwilligers actief te laten bijdragen aan de content-creatie hopen mediamanagers een dubbele doelstelling te bereiken: enerzijds kan het zorgen voor een verhoogde betrokkenheid van de burgers/consumenten met het medium, anderzijds biedt het de mogelijkheid om redactiekosten te drukken.

Technologische innovatie en redactionele reorganisatie zijn belangrijke elementen in de strategieën van mediabedrijven die zich willen aanpassen aan de versnipperende en convergerende (digitale) mediaomgeving. Toch lijken deze strategieën al snel neer te komen op 'meer doen met minder middelen'. Het gevaar voor de journalistieke kwaliteit wordt daarbij gemakkelijk uit het oog verloren.

De consument als producent en marketeer

Op het internet wordt in principe elke consument ook potentieel producent van content - een trend die aanleiding heeft gegeven tot nieuwe termen als 'produsers' en 'prosuming'. Alvin Toffler gebruikte de term 'prosumer' reeds in 1980 in zijn boek The Third Wave. De term verwijst naar een consument die steeds meer betrokken wordt bij het uittekenen en produceren van producten, zodat deze volgens individuele specificaties aan de man kunnen worden gebracht.

De 'prosumer' is de consument die actief mee gaat bepalen hoe een product er gaat uitzien. Op het vlak van e-publishing denken we hierbij aan blogs en andere vormen van burgerjournalistiek, waar het de gebruikers zelf zijn die publiceren. Het hoeft hierbij niet noodzakelijk om het zelf opzoeken van informatie en verwerken tot een artikel te gaan, maar ook om het posten van commentaar of het geven van een bepaalde waardering/quotering.

Daarnaast zijn de consumenten direct ook de marketeers voor de artikelen. Publiceert een krant online een echt lezenswaardig artikel, dan zal de lezer dit via tools als Digg, Facebook en Google Reader met vrienden en collega's willen delen. Ook nieuws- en opinieartikelen kunnen 'virals' zijn. Op deze manier wordt niet enkel de interactiviteit tussen zender en ontvanger verhoogd maar eveneens de interactie tussen de ontvangers onderling. De klassieke media zijn niet langer het eindpunt van het nieuwsproces, maar tussenstation in het proces van nieuwsbeleving. Een mediabedrijf evolueert steeds meer naar een plaats waar gebruikers hun media-ervaringen zelf kunnen sturen en delen met anderen. En dankzij sharing tools hoeven lezers niet eens op die plek te blijven om erover te converseren.

Nieuwe informatiebehoeften

Nieuws is tegenwoordig overal en de nieuwsconsumptie geraakt daardoor zeer sterk gefragmenteerd. Deze veranderde nieuwsconsumptiepatronen maken lezers veeleisender, wat de werkdruk in een concurrentiële redactionele omgeving vergroot. Meer kanalen en meer keuze zorgen voor meer nicheconsumptie. De trend van 'on demand' informatie neemt een hoge vlucht in een meer geïndividualiseerde samenleving.

Een papieren krant schetst een dagelijks nieuwsoverzicht, maar kan uiteraard nooit optimaal in de informatiebehoeften van niche-publieken voorzien. Daarvoor is de concurrentie van gespecialiseerde publicaties en van consumenten die zelf erg gespecialiseerde nichecontent produceren te groot. Een liefhebber van folkmuziek verlangt meer dan een sporadische recensie in de weekendkrant en leest daarom folkmagazines of blogs met concertverslagen van andere folkfans. Een succesvolle nichesite als iphoneclub.nl ontvangt volgens Alexa meer bezoekers dan veel van de Nederlandse regionale kranten.

Journalist en blogger Henk Blanken ziet in deze zeer gerichte nieuwsconsumptie, vooral kenmerkend voor jonge consumenten, een mogelijke bedreiging voor de informatiediversiteit: "Hoeveel armer zou onze cultuur worden als we als nieuwsconsumenten onze blik zouden vernauwen tot alleen die informatie waar we om vragen?" De kracht van de krant schuilt daarom vooral in het bieden van een gevoel van 'serendipity'. Een krantenlezer leest uiteraard eerst de artikels die hem aanspreken, maar komt door de krant ook in contact met informatie waar hij/zij nooit actief naar op zoek zou gaan. Een krant dient de lezer iedere dag te verrassen."

Reclamemaker Lord Saatchi stelt vast dat sociologen de wereld vandaag opdelen in 'digital natives' en 'digital immigrants'. Consumenten ouder dan pakweg 25 hebben zich de digitale taal moeten eigen maken. Digitale autochtonen groeiden daarentegen op met laptops, gsm's en andere nieuwe technologieën; het is als het ware hun moedertaal. Volgens de neurologie verschillen de hersenen van een digitale autochtoon zelfs fysiek van die van een digitale immigrant: ze reageren sneller, maar selecteren en onthouden minder. Net als voor de reclamesector heeft deze zogenaamde 'continuous partial attention' (CPA) grote implicaties voor de nieuwsindustrie. Over welke manier de (online) krant kan aansluiten bij de consumptiepatronen van de digital natives is vooralsnog weinig duidelijkheid.

Opleidingen: leren innoveren

Journalistieke opleidingen moeten uiteraard mee evolueren met de veranderingen in het beroep zelf. Hoewel de basisvaardigheden van de journalist grotendeels dezelfde blijven, stellen de digitale evoluties toch nieuwe uitdagingen voor de training en educatie van journalisten. De werk- en mediaomgeving waarbinnen de journalist vandaag moet opereren wordt immers alsmaar complexer.

Toekomstige journalisten zullen nieuwe competenties en vaardigheden moeten verwerven. De aandacht moet onder meer gaan naar nieuwe technieken en technologieën op het vlak van nieuwsgaring en nieuwsproductie. Ook de veranderende rol van de journalist en zijn veranderende relatie met bronnen en publiek vergen nieuwe competenties.

Verder wordt ook het belang van 'multiskilling' vaak onderstreept. Naarmate meer en meer redactionele taken samenvloeien in het takenpakket van de journalist, zal deze nieuwe vaardigheden moeten verwerven. Anders gezegd: 'multi-tasking' vereist 'multiskilling'. Daarnaast verwijst 'multiskilling' ook naar 'multimedia'.

In het digitale mediatijdperk, dat op alle vlakken gekenmerkt wordt door convergentie, werken journalisten steeds vaker voor verschillende media, die elk hun eigen logica en hun eigen taal hebben. Daarom moeten opleidingen afstappen van een monomediale aanpak. De kennis en vaardigheden die journalisten in opleiding verwerven, moeten hen in staat stellen om zowel voor de krant, een tijdschrift, radio, tv als het internet te kunnen werken. Dat betekent niet noodzakelijk dat iedere journalist later met al deze media aan de slag gaat, maar men dient wel te weten wanneer en op welke manier een bepaald medium het beste ingezet wordt.

Met de opkomst van burgerjournalistiek, kan men zich afvragen of ook journalistieke opleidingen en trainingen niet breder opengetrokken moeten worden naar niet-professionele contentaanbieders. Nu richten journalistieke opleidingen zich uitsluitend op de (toekomstige) beroepsgroep, terwijl er ook bij niet-professionele spelers een behoefte aan vaardigheden en technieken is. Niet alleen opleidingsinstituten, maar ook de media zelf kunnen op deze behoefte inspelen door bijvoorbeeld trainingen aan te bieden aan 'burgerjournalisten'.

De crossmediale redactie

Nieuwe mediastrategieën inzake digitale media en convergentie hebben belangrijke implicaties op het redactionele, organisatorische niveau. Een aantal kranten, zoals de Volkskrant, The Financial Times en onlangs nog De Tijd, schakelen over naar een volledig geïntegreerde crossmediale redactie. De integratie van de print- en onlineredactie gebeurt met het oog op een betere crossmediale samenwerking, maar heeft uiteraard organisatorische implicaties.

De econoom Joseph Schumpeter spreekt over dit proces, waarbij de introductie van nieuwe innovaties de oude economische bedrijfsstructuur van binnenuit afbouwt, als 'creative destruction'. Anderzijds zorgen nieuwe mediavormen op andere domeinen voor extra werkgelegenheid. In 2004 voorspelde de International Labour Organization (ILO) een toename van de hoeveelheid content-creërend personeel: niet alleen in de online-afdelingen van klassieke mediabedrijven, maar ook bij gespecialiseerde internetbedrijven zou de vraag naar 'content-creators' toenemen. Vaak gaat het wel om jobs die een grote flexibiliteit vereisen en geen vast contract bieden.

Wat dit laatste betreft, kan trouwens gewezen worden op de algemene toename van freelancers. Werken met ad-hoc correspondenten levert mediabedrijven een aanzienlijke kostenreductie en toegenomen efficiëntie op, maar verzwakt tegelijk de rechten van de medewerkers en verhoogt hun werkdruk. Veel freelancers proberen hun onzekerheid te verminderen door voor meerdere opdrachtgevers te werken.

Crossmediale redacties stellen ook andere job- en vaardigheidsvereisten. Journalisten moeten alsmaar meer taken combineren ('multitasking') en moeten in staat zijn om crossmediaal te werken. Critici zien hierin een bedreiging voor kwaliteitsjournalistiek. Journalisten zouden evolueren naar een "jack of all trades, but masters of none" (Haiman, 2001). Brengt de toenemende integratie in de nieuwsindustrie de diversiteit in gevaar? En wie haalt er het meeste voordeel uit deze redactionele convergentie? De nieuwsconsument, de journalist of de nieuwsindustrie?

Tot slot stelt de crossmediale redactie ook nieuwe eisen aan de hoofdredactie. Zij hebben immers een complexere taak: ze moeten niet alleen een dagelijkse krant vullen, maar moeten eveneens de nieuwsvoorziening over meerdere kanalen coördineren. Die vereist een crossmediale strategie en kennis van alle gebruikte mediavormen.

KADERS

Het einde van de gatekeeper

Een van de belangrijke gevolgen van het universele internet is dat de rol van de 'tussenpersoon' in verschillende sectoren overbodig dreigt te worden. Reisbureaus stellen vast dat hun potentiële klanten alsmaar vaker zelf hun reizen beginnen te boeken en zelfs een huis verkopen kan de consument tegenwoordig grotendeels zonder makelaar. Geldt dit ook voor de journalist?

In de mediasector spreekt men in dit verband van een 'disintermediation': het verdwijnen van de rol van de journalist als gatekeeper, agenda-setter en nieuwsfilter. Communicatiewetenschapper Jo Bardoel wees er tien jaar geleden al op dat de uitwisseling van nieuws en informatie verschuift van een 'verticaal' communicatieproces (bijvoorbeeld tussen de staat en de burgers, met de journalist als intermediair) naar een meer 'horizontale' communicatie tussen burgers, waarbij de journalistieke tussenkomst beperkter of zelfs onbestaand is. Er ontstaat wat Yochai Benkler een genetwerkte informatie-economie noemt (The Wealth of Networks, 2006). De professionele journalistiek zal haar rol moeten herzien in functie van de sterkere positie van de gebruiker en de zender.

Dit effect speelt inderdaad aan twee kanten. Aan de ontvangstzijde is de consument steeds meer 'media literate' en kan met behulp van het internet veel informatie zelf vinden. Aan de aanbodzijde hebben ook de leveranciers van veel media-content aanzienlijk meer mogelijkheden gekregen. Politici hebben hun eigen weblogs, voetbalclubs hun eigen tv-kanalen en ook belangenorganisaties als UNIZO leveren op hun website journalistieke producten voor hun doelgroep. Dit fenomeen, waarbij voormalige nieuwsbronnen tegenwoordig zelf publiceren, wordt wel 'embedded publishing' genoemd.

Volgens Dan Gillmor, auteur van het boek 'We the Media: Grassroots journalism by the people for the people', zal de journalistiek moeten verschuiven 'from a lecture to a conversation'. Meer dialoog, meer openheid en meer verantwoording tegenover het publiek zijn enkele van de voornaamste principes voor de journalistiek van de 21e eeuw. Axel Bruns voorspelt een verschuiving van gatekeeping naar gatewatching.

Aan de andere kant heeft het publiek door de informatieovervloed meer dan ooit nood aan iemand die de relevante en betrouwbare informatie selecteert en interpreteert. De journalist zal daarbij niet enkel moeten 'filteren', maar moet het publiek ook de weg wijzen naar de betrouwbare en relevante informatie. Bovendien zal de journalist nog belangrijker worden om de relevante informatie vervolgens te interpreteren en te duiden.

Het oncontroleerbare web

Als eenmaal de papieren krant gedrukt is, is er geen weg meer terug: fouten kunnen ten vroegste in de volgende editie worden rechtgezet, via een erratum ergens verscholen in een hoekje. De mogelijkheid om onzorgvuldigheden in online artikels meteen te corrigeren, zou dus logischerwijs de journalistieke kwaliteit ten goede moeten komen. Toch kent de blogosfeer, gevolgd door tal van professionele e-publishers, een aparte benadering van rechtzettingen.

Philip Meyer, auteur van 'The Vanishing Newspaper', haalt een treffend voorbeeld aan van een blogger die een recensie van zijn boek publiceerde en verkeerdelijk schreef over ene 'Hans Jurgensmeier' in plaats van Hal Jurgensmeier. Na een vraag van Meyer tot rechtzetting, bleef de foute naam in de recensie staan, de blogger voegde enkel helemaal onderaan het zinnetje "oh by the way, it wasn't Hans Jurgensmeier, it was Hal" toe. "Every time a blogger makes a mistake, he or she preserves it in the record forever, as though it were something precious," stelt Meyer vast.

Het corrigeren van een artikel wordt door sommige journalisten ook wel gezien als een soort van geschiedvervalsing. Om hieraan tegemoet te komen verbetert een aantal media wel online artikels, maar worden ook links aangeboden naar oudere versies van hetzelfde verhaal. Echter, met het corrigeren van een fout is deze niet altijd uit de wereld. Eens gepubliceerd, blijft webcontent quasi permanent beschikbaar en kan het oneindig keer gereproduceerd worden. Knippen en plakken van online content is kinderspel. Zelfs na het offline halen, laten elektronische publicaties nog veelvuldig sporen na, bijvoorbeeld via het geheugen ('cache') van zoekmachines als Google of via archiefsites als The Internet Archive (http://www.archive.org). Ook journalistieke onzorgvuldigheden blijven zo langer bewaard voor het nageslacht, terwijl die vroeger meestal na enkele dagen een stille dood stierven onder de aardappelschillen.

Nieuwe tijden, nieuwe gebruiken

Dan Gillmor stelt in zijn boek 'We the Media' (2006) het klassieke begrip 'objectiviteit' in vraag en suggereert enkele journalistieke principes voor de toekomst: "Trying for objectivity makes some sense in a media ecosystem that lacks diversity. (...) I'm in a mood, as the media ecosystem grows more diverse, to rethink all of this. I'd propose replacing the ideal of objectivity with (...) thoroughness, accuracy, fairness, independence and transparency".

Naarmate de rol van de journalistiek in de digitale mediaomgeving verandert, zal ook het normatieve kader van waaruit de journalist opereert evolueren. Mediadenkers, die pleiten voor een veranderende rol van de professionele journalistiek, pleiten dus dan ook vaak voor een veranderende deontologie. Vandaag legt de journalistieke ethiek de nadruk op noties als objectiviteit (onder meer vertaald in de idee van 'woord-wederwoord'), neutraliteit, onpartijdigheid, waarachtigheid, enzovoort. Kernconcepten die vaak terugkeren in artikels over de 'journalistiek van de 21e eeuw' zijn onder meer multiperspectiviteit, transparantie, betrokkenheid, fairness, openheid en dialoog. Uiteraard gaat het niet om totaal nieuwe ideeën - het belang van transparantie en 'fairness' wordt ook in de 'klassieke' journalistieke deontologie sterk benadrukt - maar een aantal accentverschuivingen zijn duidelijk.

Een overvloed aan informatie

Nooit eerder was het zo gemakkelijk om informatie te vinden en nooit eerder was er zoveel informatie beschikbaar. Tegelijk was het nog nooit zo moeilijk om betrouwbare en bruikbare informatie uit het de overvloed te selecteren. Dit is de 'informatieparadox': hoewel het informatieaanbod nog nooit zo groot is geweest, dreigen de mensen toch minder geïnformeerd te geraken. Een kwantitatieve verhoging van het informatieaanbod staat niet per definitie gelijk met een kwalitatieve verbetering van de journalistiek en een beter geïnformeerd publiek.

Traditionele nieuwsmerken kunnen een houvast bieden in deze zee van informatie. Krantentitels hebben door de jaren heen bij hun lezers een bepaald imago opgebouwd. Lezers percipiëren traditionele media dan ook vaak als betrouwbaarder dan nieuwe mediavormen. Naast het streven naar een zo volledig mogelijke informatiestroom van eigen journalistieke producties, kunnen media ook een gidsrol op zich nemen bij het doorverwijzen van lezers naar informatie elders. Zo biedt het opiniemagazine Vrij Nederland op haar website vn.nl niet alleen eigen artikelen aan, maar heeft ze ook een overzicht van lezenswaardig nieuws van binnen- en buitenlandse kranten en een overzicht van de meest interessante posts uit de blogosphere van de laatste dagen.

EVOLUEREND MEDIABELEID

Ike Picone

BUZZWORDS

Achterlopend beleid
Hoeder van de vierde macht
De andere diversiteit
Belasting op informatie

ACTOREN

De overheid als poortwachter
De overheid als informatieleverancier
Digitaal competente burgers
Bevorderen van kwaliteit
Steun aan de pers

KADERS

Convergerende media, gefragmenteerd beleid
Vlaanderen en de rest
Crossmedia complicaties
Van controleren naar reguleren

BUZZWORDS

Achterlopend beleid

Het grote struikelblok voor beleidsmakers is dat mediatechnologie momenteel zo snel verandert, dat het vrijwel onmogelijk is om de wetgeving up-to-date te houden. Een goed voorbeeld hiervan is de introductie van Google Nieuws in het Nederlandstalige domein. Deze dienst verzamelt nieuws van meer dan 400 Nederlandstalige online nieuwsbronnen en geeft op de haar website de headlines weer met een link naar de desbetreffende bron, zonder die nieuwsbronnen te vergoeden. Veel uitgevers zagen dit als inbreuk op hun auteursrechten en sommigen vochten het uit voor de rechter. De vraag is dan ook of auteursrechten in de toekomst nog wel wettelijk kunnen en moeten worden afgedwongen, of dat uitgevers nieuwe innovatieve manieren moeten vinden om geld te verdienen aan hun artikels. Deze laatste strategie kan echter ook perverse effecten hebben. Een goed voorbeeld hiervan zijn de heftige discussies in Frankrijk en de Scandinavische landen over de beperking die Apple oplegt aan consumenten van muziek uit de iTunes winkel, die enkel op iPod te beluisteren zijn. Aan de andere kant stellen diezelfde technologische ontwikkelingen consumenten in staat om auteursrechten te omzeilen, en content te downloaden van ongeautoriseerde bronnen, kijk maar naar de ontelbare krantenartikels die dagelijks worden overgenomen op blogs.

Voor beleidsmakers is het een balanceeract om in het toekomstige auteursrecht een evenwicht te vinden tussen belangen van rechthebbenden en het waarborgen van de toegang van burgers tot informatie. Hoewel het de vraag is of het überhaupt technisch houdbaar is om auteursrechten te beschermen, is het voor beleidsmakers van belang om toegang tot informatie door burgers veilig te stellen. Vooral in de Europese context is het niet denkbaar dat grote groepen burgers geen toegang meer zouden hebben tot belangrijke informatie omdat de rechthebbenden de informatie alleen voor veel geld of voor bepaalde groepen ontsluiten.

De manier waarop het Vlaams beleid probeert in te spelen op deze evoluties is het best te volgen via de aanpassingen van het Mediadecreet en de beleidsverklaringen van de Minister van Media. In november 2006 werd de mediaregelgeving gewijzigd op initiatief van toenmalig Minister van Media Geert Bourgeois. Een voorbeeld van evoluerend mediabeleid hier is dat radio's die uitsluitend digitaal uitzenden geen zendvergunning meer moeten aanvragen. In 2009 vond opnieuw een update plaats, waarin vooral de opdeling tussen lineaire en niet-lineaire (op aanvraag) omroepdiensten wijst op een bijstelling aan de digitale realiteit.

Naar de geschreven pers en journalisten toe was vooral de Staten Generaal van de Media in maart 2009 belangrijk. Deze bijeenkomst diende als contactmoment tussen overheid en de sector. Daar werden vooral het sociaal statuut van de journalist en de tanende advertentiemarkt besproken en werden een aantal trajecten voor de toekomst uitgelijnd, waaronder het op poten zetten van een stuurgroep die inzake deze materie aanbevelingen zal doen naar de overheid toe. De verdubbeling van de dotatie van het Fond Pascal Decroos (zie verder) is waarschijnlijk de meest concrete uitkomst van deze bijeenkomst en geeft gehoor aan de bezorgdheid van journalisten dat diepgravende onderzoeksjournalistiek commercieel niet langer leefbaar is en andere financieringsbronnen zullen moeten worden aangeboord. Sommigen pleiten reeds voor een tax-shelter voor onderzoeksjournalistiek of bepaalde mecenas-structuren.

Hoeder van de vierde macht

Een van de belangrijkste functies van de media in een democratische samenleving is de politieke functie, waarbij de media vooral een kritiek- en waakhondfunctie hebben ten opzichte van de politieke machthebbers. De media worden ook wel het hart van de democratie genoemd, en de vierde macht naast de rechterlijke, wetgevende en uitvoerende macht. Om deze belangrijke functie te kunnen waarborgen staat de overheid garant als beschermer van de persvrijheid zoals verankerd in de wetgeving. Het recht op vrije meningsuiting zoals opgenomen in art. 19 en 25 (vrijheid van drukpers en van eredienst) van de Belgische grondwet sinds 1830 is daar een voorbeeld van. Het wordt verder ook op Europees niveau als fundamenteel erkend door het Europees Verdrag voor de Rechten van de Mens (artikel 10). Alle lidstaten van de Raad van Europa hebben zich ertoe verbonden dit recht na te leven en het Hof van Justitie van Straatsburg kijkt hier op toe.

De overheid moet als beschermer van deze democratische principes dus ook de vrijheid garanderen die de pers nodig heeft om haar functie als vierde macht in een democratie te vervullen.

Dit geldt zowel voor de oude als nieuwe media. Zo besliste het Arbitragehof op 7 juni 2009 dat het bronnengeheim, dat journalisten de kans geeft informatie te publiceren zonder daarvoor de bronnen te moeten vrijgeven, niet langer enkel zou gelden voor bezoldigde journalisten. Hierdoor kunnen ook bloggers of andere mensen die hun journalistieke bevindingen online willen publiceren zich beroepen op dit recht.

In de praktijk is deze relatie tussen staat en media niet zo zuiver. Vaak wordt de staat vertegenwoordigd door politici met eigen belangen en liggen mediabonzen vooral wakker van hun omzetcijfers. In het Verenigd Koninkrijk vertaalt dit zich bijvoorbeeld in een veel sceptischer houding van de Union for Journalists in Britain and Ireland jegens de overheid en jegens de staat. Zo vond er zesmaal overleg plaats tussen het mediabedrijf BSkyB en de beleidvoerders tijdens de gesprekken die leiden tot de Communications Act in 2003 en dat roept natuurlijk kritische vragen op.

De functie van vierde macht die stoelt op de persvrijheid wordt dan ook vaak door onafhankelijke organisaties gemonitored. Op Europees niveau bundelen nationale en internationale mediaorganisaties hun krachten in de World Press Freedom Committee (www.wpfc.org). Zij vormen een 'watchdog' voor vrije nieuwsmedia bij UNESCO, de UNCHR, de Verenigde Naties, de Raad van Europa, de Europese Unie en andere internationale vergaderingen die rond persvrijheid werken. Deze organisatie wil op die manier een front vormen tegen restricties op nieuws. Deze restricties zijn vaak echter zeer ambigu en niet gemakkelijk na te gaan, bijvoorbeeld wanneer ze zich ontwikkelen tijdens een lunch van politici met uitgevers.

De andere diversiteit

Mediadiversiteit is traditioneel een van de belangrijkste doelen van het mediabeleid. Mediadiversiteit kan worden beschreven als de heterogeniteit van media-inhoud. Er zijn vele criteria waarop diversiteit gemeten kan worden zoals culturele en etnische diversiteit, diversiteit aan meningen, genre diversiteit en regionale diversiteit. Doorheen de jaren is dit begrip ook gaan evolueren. Van origine wordt mediadiversiteit formeel geïnterpreteerd als bronnendiversiteit: een divers aanbod aan mediabronnen. De overheid speelt hierin vaak een rol als strateeg tussen het laten spelen van de vrije markt en het verzekeren van een gediversifieerd media-aanbod (met een sterke nadruk op nieuwsmedia). De vrees van beleidsmakers is dat concentratie van aanbieders leidt tot ongewenste inmenging op redactioneel niveau en dus een beperking van de diversiteit in het media-aanbod.

De vraag naar de onafhankelijkheid van redacties en de toegang van bepaalde sociale groepen tot deze kanalen is in dergelijke context meer dan relevant. Aangezien Vlaanderen vele titels voor een zeer kleine markt kent, worden redactiessamengevoegd en proberen mediaondernemingen om horizontale en verticale strategieën toe te passen. Zo bundelt respectievelijk de zoekertjessite Spotter.be de zoekertjes van de verschillende krantentitels van Corelio, en bezit de Persgroep niet enkel krantentitels en magazines maar ook participaties in de zenders VTM, Kanaal 2 en JIMtv en in het radiostation Q-music. Herstructureringen en besparingen voor meer rendabiliteit in een zeer competitieve markt kunnen redacties onder druk zetten en invloed hebben op de kwaliteit en diversiteit van het aanbod.

Door convergentie zien we in heel Europa en daarbuiten discussies ontstaan over nieuwe definities van mediadiversiteit waarbij meer inhoudelijk wordt gekeken. De opkomst van nieuwe distributiekanalen voor content hebben voor een overvloed aan informatie gezorgd, waardoor het moeilijk vol te houden is dat er groepen in de samenleving zijn die niet of nauwelijks worden bediend. Zo zijn vele politieke en pressiegroepen uiterst actief op het internet en bereiken ze met hun online uitingen meer mensen dan voor de opkomst van het internet het geval zou zijn geweest. Door de komst van nieuwe media zoals digitale televisie is het aantal kanalen enorm gegroeid, en daarmee ook het aantal media-uitingen. Doordat de kosten voor het maken en distribueren van mediacontent zoveel lager zijn dan pakweg 20 jaar geleden, is het aantal concurrenten op de mediamarkt ook exponentieel toegenomen. In Groot-Brittannië heeft dit zelfs tot discussies geleid of mediadiversiteit niet te ver zou doorslaan en bevolkingsgroepen eerder uit elkaar zou drijven. Online moet inzake mediadiversiteit dus ook gekeken worden naar aspecten zoals vrije toegang, transparantie of de capaciteiten om gewenste informatie te vinden.

Belasting op informatie

Wanneer men het heeft over fiscale steunmaatregelen voor digitale producten en diensten zijn twee punten belangrijk. Vooreerst is nodig om na te gaan wat juist wordt belast. In Nederland is sinds 2003 op elektronische informatie het hoge BTW-tarief van 19% van toepassing in tegenstelling tot het 6%-tarief voor gedrukte informatie (boeken, dagbladen en tijdschriften). Het gaat hier echter om elektronische informatie op elektronische dragers, want in 1999 introduceerde de toenmalige Nederlandse minister van financiën Zalm naar Amerikaans voorbeeld een BTW-vrijstelling op digitale producten die via elektronische weg en los van drager worden aangeboden bijvoorbeeld digitale online muziek, tekst en video. Hierop kwam vanuit de dienstensector de kritiek dat elke dienstverlening die online verstrekt wordt van deze vrijstelling zou moeten genieten dus ook bijvoorbeeld iemand die uploaddiensten of goederen via internetwinkels aanbiedt. De onlangs (zomer 2009) rapporterende Commissie Brinkman ging hier op in door hetzelfde niveau van 6% voor te stellen voor digitale nieuwsproducties. In België vallen tijdschriften en boeken eveneens onder een voordeeltarief van 6%. Dagbladen vallen zelfs onder een nultarief.

Verder is de internetmarkt een wereldmarkt. Dat betekent dat het al dan niet verlenen van een voordeeltarief een serieuze concurrentieverstoring met zich mee kan brengen. Via een Amerikaanse site muziek aankopen wordt dan bijvoorbeeld goedkoper dan via een Belgische, waarbij wel een BTW-tarief geldt. Aangezien beide sites slechts een muisklik van elkaar verwijderd zijn, zal de gebruiker die stap vlug zetten. Ook indien buitenlandse bedrijven een Europese zetel openen, zullen zij kiezen voor het land met het voordeligste BTW-tarief, in casu Luxemburg (15%). Het is dus belangrijk dat er ten minste op Europees vlak naar een eenduidig BTW-tarief voor digitale diensten wordt gezocht.

In 2003 antwoordde de Europese Unie hierop door nieuwe BTW-tarieven op te leggen voor de verkoop van digitale producten en diensten. Daardoor betaalt de Europese consument BTW op alle elektronische aankopen. Een niet-Europees bedrijf dient zich eerst te registreren in een EU-lidstaat. Bij een digitale verkoop past die onderneming vervolgens het BTW-tarief toe van het land waar de klant woont. De Belgische particulier die zich abonneert op de Wall Street Journal Online zal dus 21 procent BTW betalen.

Deze situatie heeft een aantal implicaties voor de krantensector. Vooreerst kunnen zij dus niet genieten van een gunstig fiscaal klimaat voor de ontwikkeling van hun e-diensten zoals dat bijvoorbeeld wel in de Verenigde Staten kan. Ten tweede spoort een dergelijk beleid niet aan om elektronisch te publiceren, aangezien het nultarief van toepassing is op dagbladen, maar op elektronische diensten wel 21% betaald moet worden.

In Nederland heeft de Commissie Brinkman een internetheffing voorgesteld, een belasting op internetabonnementen die zou doorvloeien naar de informatieaanbieders, maar de zittende minister Plasterk heeft deze niet overgenomen. De vraag is inderdaad of het rechtstreeks betalen voor content dan geen beter alternatief is.

ACTOREN

De overheid als poortwachter

Naast de ontwikkeling van digitale geletterdheid zijn er ook mogelijke financiële barrières om informatie te ontvangen. Zo zou bijvoorbeeld een commerciële partij de rechten van belangrijke evenementen kunnen kopen en deze alleen uitzenden via betaaltelevisie, waardoor een groot deel van de bevolking wordt uitgesloten. Dit leidt vaak tot debat, bijvoorbeeld rond de beslissing van de VRT om de eerste aflevering van het nieuwe seizoen van Flikken te vertonen op het digitale televisieplatform van Belgacom.

"Betalen voor een primeur van een fictieserie kan echt niet. De openbare omroep krijgt zoveel geld om eigen series te maken van het Vlaams Audiovisueel Fonds. Dit staat volledig haaks op de beleidsnota," aldus tegenstander Carl Decaluwé. Het overheidsbeleid is er vaak op gericht om de kloof tussen burgers die informatie kunnen ontvangen en burgers die hiertoe niet in staat zijn door een tekort aan vaardigheden, infrastructuur of financiën zo klein mogelijk te maken. In die optiek moet men ook overheidsinitiatieven zien om mensen goedkope computerpakketten ter beschikking te stellen en het voorstel voor een sociaal internettarief, dat werd opgepikt door Telenet, die het nu daadwerkelijk aanbiedt.

De overheid als informatieleverancier

Door de digitalisering en opkomst van het internet wordt de overheid via de websites van de verschillende overheidsdiensten ook een speler op de e-publishing-markt. Waar dit de toegang van journalisten tot primaire overheidsbronnen vergemakkelijkt, is het niet ondenkbaar dat op deze sites nuttige en vlot leesbare informatie zou verschijnen, waar lezers zich rechtstreeks tot kunnen richten. Websites als Belgium.be of Regering.nl proberen al in deze behoefte te voorzien. Dit beperkt zich niet tot de overheidsdiensten maar omvat heel het maatschappelijke middenveld. Ook belangenorganisaties of verenigingen zullen steeds meer 'eigen berichtgeving' op hun website plaatsen. Politici beginnen daarenboven steeds meer hun eigen webstek of blog waarmee ze langs de media hun boodschap aan de kiezer melden. Zij laten zich niet meer beperken of beïnvloeden door de media. De lezer weet dan op zijn beurt dat de informatie uit eerste hand komt en te vertrouwen is. De krantensector volgt deze tendens met een zeker scepticisme. Op deze manier kan op termijn een substantieel deel van de informatiestroom naar de media droogvallen.

Indien de overheid haar persberichten eerst op haar eigen site aanbiedt, dan verliest de mediasector een deel van zijn politieke relevantie als het aankomt op informeren en kaderen van die informatie. Indien de informatie vrij beschikbaar is online, gaan de lezers voor de duiding alleen wellicht minder gemakkelijk een beroep doen op de krant. De bezorgdheid reikt echter verder. Hoe waardevrij is een dergelijk nieuwsaanbod? Is dit 'eerstehands nieuws' wel betrouwbaar? En wat als de overheid straks de persberichten van haar organen verzamelt op een eigen nieuwssite, aangevuld met wat algemeen nieuws. Op die manier wordt de overheid eerder een concurrent dan een ondersteuner van de krantensector.

Maar de overheid heeft natuurlijk nog een andere belangrijke speler op de mediamarkt: de VRT. Hoewel de uitbouw van de VRT zeker op het vlak van digitale zenders getemperd werd onder het ministerschap van Geert Bourgeois, blijft de VRT nog steeds vooraan lopen inzake digitale ontwikkeling. Zo werd er veel moeite gestoken in de uitbouw van Klara als digitaal cultuurplatform, maar is het uiteindelijk toch de nieuwssite De Redactie die zich het best heeft weten te positioneren. De integratie van tekst, audio en video en dit van zo goed als elk informatief programma zorgt voor een groot voordeel tegenover de krantenwebsite waarvan het videomateriaal niet kan tippen aan de kwaliteit van de VRT. Hier begeeft de openbare omroep zich steeds meer naar digitale media-adoptie toe, maar met een concurrerende positie tegenover de kranten tot gevolg. Binnen de grote krantenconcerns gaan dan ook steeds meer stemmen op die ervoor pleiten dat de VRT zijn audio- en videomateriaal ter beschikking van andere nieuwsaanbieders zou moeten stellen. Ook in Nederland werd dit idee voorgesteld door de Commissie Brinkman, een tijdelijke commissie onder leiding van Elko Brinkman ingesteld om advies te geven over innovatie in en de toekomst van de pers. In zijn beleidsnota 2009 neemt de minister van media Plasterk dit idee alvast over, ondanks protest van de Nederlandse openbare omroep.

Digitaal competente burgers

Een boodschap is alleen relevant als het ook een publiek kan bereiken. Daarom draagt de overheid in het mediabeleid ook zorg voor ontvangst van informatie. Dit betreft zowel vaardigheden van burgers om informatie tot zich te nemen, als de technische en financiële mogelijkheden van burgers om toegang tot die informatie te hebben. Bijvoorbeeld via de Stichting Lezen probeert de Vlaamse overheid het analfabetisme teniet te doen.

Ook de neerwaartse tendens bij jongeren om kranten te lezen probeert de Vlaamse overheid te verhelpen door leesbevordering via het project Kranten In de Klas (KiK), waarin ook de Vlaamse Dagbladpers - de vereniging van de Vlaamse uitgeverssector - participeert. Met de opkomst van nieuwe vormen van mediadistributie zoals internet en digitale televisie, is er een nieuwe kloof aan het ontstaan tussen burgers met en zonder voldoende vaardigheden in digitale geletterdheid. Vooral sociaal zwakke groepen zoals ouderen en laag opgeleiden lopen het risico de ontwikkelingen in de mediasector niet bij te kunnen benen waardoor ze buitengesloten dreigen te worden van veel informatie.

Zo bestond in mei 2004 slechts 2 procent van het aantal Belgische surfers uit 65-plussers. De Belgische overheid heeft dan ook een actieplan geformuleerd om de digitale kloof in België te dichten, door onder andere belastingvoordelen op hardware en ICT-cursussen aan te bieden. Initiatieven als 'een pc voor iedereen' waarbij het aanbieden van goedkope pc's wordt gekoppeld aan een fiscaal voordeel en een jaar lang gratis breedband internet zijn een aanzet om hier iets aan te doen. De vraag is echter of deze maatregelen structureel genoeg zijn.

Ook inzake kritische mediavorming steunt de Vlaamse overheid initiatieven zoals Imagica VL, een onafhankelijke vzw die kinderen en jongeren op een actieve manier de audiovisuele media en de multimedia laat verkennen en zelf korte mediaproducties laat maken. Zo ontwikkelen zij vaardigheden in het omgaan met en het kritisch kijken en luisteren naar mediaboodschappen, zodat ze de grens tussen fictie en realiteit beter kunnen onderscheiden.

Bevorderen van kwaliteit

Verder kan de bovengenoemde concentratie en concurrentie ook invloed hebben op het journalistieke werk, omdat journalisten opgelegd krijgen om de 'schrijf wat de lezers willen'-politiek van de uitgevers over te nemen. De overheid steunt via het Fonds Pascal Decroos de onderzoeksjournalistiek, die vaak op zich niet renderend is. Via beurzen geeft deze organisatie de kans aan journalisten om zich in een onderwerp te verdiepen. Ook de Vlaamse Vereniging voor Beroepsjournalisten (VVJ) en de Raad voor de Journalistiek kunnen rekenen op steun voor hun werkingskosten (inclusief bijkomende journalistenpensioenen). De VVJ is lid van de federale Algemene Vereniging voor Beroepsjournalisten (AVBB) die optreedt wanneer federale belangen in het geding zijn, bijvoorbeeld de wet op het beroepsstatuut, de verhoudingen met politie en justitie of de journalistieke auteursrechten. De VVJ komt tussen wanneer Vlaamse dossiers op tafel liggen zoals het omroepbeleid, de overheidssteun aan de pers en de aanvaarding van stagiairs. De Raad voor de Journalistiek is een zelfregulerend orgaan opgericht door de sector en toetst journalisten en publicaties af die el of niet over de grens van het maatschappelijk aanvaardbare gaan. De Raad kan ook klachten behandelen en algemene richtlijnen formuleren voor de toepassing van de journalistieke deontologie, journalistieke ethiek en de beroepsmoraal van journalisten. De sector reageerde dan ook fel toen toenmalig Vlaams minister van media Bourgeois het plan opvatte om een kamer deontologie en media-ethiek op te nemen binnen de Vlaamse Mediaregulator.

Ook via andere organen steunt de overheid de journalistieke kwaliteit. Bijvoorbeeld het Minderhedenforum, een vzw gefinancierd door het Ministerie van Begroting, richtte Trefmedia op. Dit orgaan ijvert voor evenredige participatie en accurate beeldvorming van etnisch-culturele minderheden via mediatraining, het lijsten van betrouwbare, allochtone deskundigen en het aanmoedigen van onderzoek over diversiteit. Ook de organisatie KifKif, evenzeer gesteund door de Vlaamse overheid, wil voornamelijk via de eigen site en opiniestukken in kranten een diversiteit aan stemmen en verhalen een forum bieden en de participatie van alle burgers aan de berichtgeving verhogen om zo stereotiepe en negatieve beeldvorming te ontkrachten. Onder KifKif valt ook het informatie- en analysecentrum MediaWatch, dat een kritische reflectie biedt op de media.

Steun aan de pers

Sinds 1979 staat ook de steun aan de pers ingeschreven als Vlaamse bevoegdheid met als doel het behoud van pluralisme en kwaliteit door de journalistieke expertise van redacties te verankeren enerzijds en onafhankelijke redacties de kans te geven om gebruik te maken van de ICT-systemen die voor handen zijn anderzijds. Via een protocol dat de minister van media in 2005 afsloot met de sector werd een miljoen euro uitgetrokken als jaarlijkse steun, gekoppeld aan het naleven van de journalistieke beroepsethiek en het verzekeren van de autonomie van betrokken redacties bij concentratie en overname.

Via dit protocol wil de Vlaamse overheid ook het belang van journalistieke opleidingen beklemtonen en de journalistieke kennis op redacties behouden. Het gaat hier vooral om initiatieven ter bevordering van de innovatie op de redactionele werkvloer die door de overkoepelende organisatie van de Vlaamse Dagbladpers worden gecoördineerd. Projecten zoals FLEET, gesteund door het Instituut voor Wetenschap en Technologie (IWT), een manier waarop de Vlaamse overheid journalisten wil voorbereiden op nieuwe tendensen op de redactionele werkvloer. In Nederland stelde onlangs minister Plasterk vier miljoen euro ter beschikking van het Stimuleringsfonds voor de Pers om jonge journalisten te financieren waarop kranten en opiniebladen een beroep kunnen doen. Zo kunnen 60 journalisten 2 jaar lang gefinancierd worden. Maar het feit dat online nieuwsaanbieders hier geen beroep op kunnen doen, duidt op een redelijk rigide houding tegenover de huidige ontwikkelingen.

Rechtstreekse overheidssteun aan de mediasector is een gevoelig issue, zeker in het kader van het Europees mededingingsbeleid. Toch lijkt de nood ervoor te stijgen. De Franse minister voor communicatie, Renaud Donnedieu de Vrabes, kondigde eind 2007 nog een nieuwe regeling aan als steun aan de media en een belastingvermindering voor nieuwe investeringen. In Nederland maakte minister Plasterk de komende jaren acht miljoen euro per jaar vrij voor innovatiemaatregelen via het Stimuleringsfonds voor de Pers, wat het Vlaamse bedrag natuurlijk in perspectief plaatst. Maar ook hier plaatsen bladen zoals NRC vragen bij vanuit het besef dat overheidssubsidie afhankelijkheid met zich meebrengt. Het is ook belangrijk dat journalisten gemakkelijk toegang krijgen tot de juiste informatie van overheidswege. Vandaar dat de uitbouw van een digitale databank van overheidsdocumenten en de ontsluiting van archieven, vergemakkelijkt door de digitalisering, ook een belangrijk aspect zijn hierin.

KADERS

Convergerende media, gefragmenteerd beleid

Door de snelle mediatechnologische ontwikkelingen - vooral digitalisering van media-inhoud en nieuwe vormen van distributie - is content steeds meer mediumonafhankelijk geworden. Een nieuwsartikel kan tegenwoordig worden gelezen in een krant of tijdschrift, op internet, via de mobiele telefoon of via digitale televisie. Mediaondernemingen uit verschillende sectoren worden ook steeds meer concurrenten. In Groot-Brittannië bijvoorbeeld heeft de pers een lobby gevoerd tegen de nieuwsvoorziening van de BBC op het internet, die direct concurreert met de websites van de grote Britse kranten. In het licht van mediaconvergentie, zien we dan ook verschuiving richting een geconvergeerd mediabeleid. De consequenties hiervan kunnen verstrekkend zijn voor de media-industrie. Bijvoorbeeld, specifieke wetgeving die concentratie op mediamarkten gedefinieerd op basis van distributietechnologie probeert te voorkomen, is niet langer relevant in een geconvergeerd medialandschap. Zo zal de internetsite van de Gazet van Antwerpen direct met de nieuwssites van de VRT of VTM concurreren. In Nederland heeft bijvoorbeeld de Wetenschappelijke Raad voor Regeringsbeleid (de WRR) in 2005 een pleidooi gehouden voor een herdefinitie van op distributie gebaseerde mediamarkten (bijvoorbeeld de televisie- of tijdschriftenmarkt in Vlaanderen) naar op functie gebaseerde mediamarkten (de nieuwsmarkt in Vlaanderen), met alle gevolgen van dien voor het mediabeleid. In andere landen zoals Groot-Brittannië en de Verenigde Staten worden soortgelijke discussies gevoerd, waarbij de belangrijkste vraag vooral is in hoeverre mediabedrijven uit verschillende op distributie gebaseerde markten elkaar mogen overnemen. Het mediabeleid loopt achter de technologische ontwikkelingen aan, en uiteindelijk zal een herdefinitie van mediamarkten door convergentie onontkoombaar zijn.

De overheid speelt hier de rol van facilitator voor de ingang van nieuwe technologieën. De overheid is zich er echter van bewust dat er een aantal juridische drempels zijn die de uitbouw van de sector eerder bemoeilijken dan vergemakkelijken, een getuige daarvan is de problematiek rond de telecomwetgeving. Het uitblijven van een samenwerkingsakkoord tussen de federale overheid en de gemeenschappen over de telecomsector ligt aan de basis van het feit dat breedbandinternet in België een heel pak duurder is dan in onze buurlanden. Door mediaconvergentie vervagen technische, economische en reglementaire grenzen tussen de verschillende sectoren in de informatie- en communicatiemarkt. Valt YouTube bijvoorbeeld voor beleidsmakers onder het begrip 'omroep', en dus onder de omroepregels zoals die gelden in Vlaanderen en in de Europese Unie? Hoe kan zo een fenomeen op een nationale manier gereguleerd worden? Wat is nog de juridische betekenis van omroep? Uit de complexe bevoegdheidsregeling inzake media en communicatie volgt versnippering: radio en televisieomroep en steun aan de pers zijn gemeenschapsmateries terwijl persvrijheid, auteursrecht en telecommunicatie tot de residuaire bevoegdheden van de federale overheid behoren. Dit zorgt voor administratieve verzwaring en verwarring in de sector en juridische conflicten tussen de overheden doordat deze opdeling geen weerspiegeling is van de huidige realiteit in de mediasector.

Vlaanderen en de rest

Naast convergerend mediabeleid is er ook een sterke tendens naar internationalisering van de mediasector waardoor het lastig is om mediabeleid op nationaal niveau te reguleren. Bijvoorbeeld, de zender VT4 is destijds vanuit Londen uit gaan zenden om zodoende het Vlaamse verbod op reclame rond kinderprogramma's te omzeilen. In Nederland zendt RTL traditioneel vanuit Luxemburg uit, waardoor de strenge Nederlandse reclamewetgeving kan worden omzeild. Nu is dit geen nieuw verschijnsel; al in de 17e eeuw publiceerden veel Europese denkers hun werken in de Lage Landen omdat het 'drukpersbeleid' daar veel soepeler was dan in eigen land. Echter, door de eenvoud waarmee anno 2009 media kunnen worden gedistribueerd vanuit vrijwel elke locatie ter wereld is het de vraag in hoeverre mediabeleid nog nationaal kan worden gereguleerd. Is racistische content gericht op een Vlaams publiek maar gehost op een server in de Dominicaanse Republiek nog wel te verbieden? Op vragen rond jurisdictie is nog lang geen adequaat antwoord gekomen, maar uiteindelijk zal de effectiviteit van beleid afhangen van de mate waarin ondernemingen en individuen gehouden kunnen worden aan het beleid.

Crossmedia complicaties

In Nederland werden uitgevers die meer dan 25 procent marktaandeel bezitten tot voor kort nog verboden om een televisiekanaal op te richten. Jarenlang ijverden de Telegraaf, PCM en Wegener, de drie grote Nederlandse uitgeefgroepen, tegen deze onnodig belemmerende maatregel. Tot nu toe moesten kranten noodgedwongen programma's uitzenden bij de publieke omroep of bij een commerciële zender en dit terwijl commerciële omroepen wel een krant mochten beginnen. Zeker in een dalende lezersmarkt zou televisie voor de pers een uitweg kunnen zijn. Ondanks pogingen van het Nederlandse Commissariaat voor de Media om de kranten meer ruimte te geven op de televisiemarkt, is in Nederland sinds 2007 nog steeds de Wet Tijdelijke Mediaconcentraties van kracht en dit ondanks de recente aanbeveling van de Commissie Brinkman om deze op te schorten. Bedrijven mogen op grond van deze wet over niet meer dan 35 procent op de dagbladenmarkt beschikken. Aanvullend mogen bedrijven over niet meer dan 90 procent op twee of drie van de volgende markten samen beschikken: de dagbladenmarkt, de televisiemarkt en radiomarkt. De gezamenlijke markt telt in dit geval op tot 300 procent. Dit maakt crossmediaal handelen bijzonder moeilijk.

In Vlaanderen liep het eerder omgekeerd. Bij de oprichting van de eerste commerciële Vlaamse zender VTM in 1982 vreesde men van overheidswege voor een te groot reclameaandeel in de uitzendtijd. Daarom werden participaties vanuit de uitgeverssector juist aangemoedigd om de kwaliteit van de programmering hoog te houden. Daarom zijn in Vlaanderen reeds een aantal samenwerkingsverbanden (en soms zelfs concentraties) voelbaar op de mediamarkt: de Vlaamse krantentitels behoren grofweg tot de Persgroep, de VUM of Roularta. Samen met Roularta Media Group controleert de Persgroep de Vlaamse Media Maatschappij, die zowel VTM, Kanaal 2, Jim TV en ATV beheert. Het magazine Knack participeert bijvoorbeeld in Kanaal Z en heeft daarbinnen ook zijn eigen zender.

Verschillende krantentitels hebben hun zoekertjes al gegroepeerd op online sites zoals jobat.be of spotter.be. Doordat uitgeverijen aangemoedigd werden om van bij het begin te participeren vindt men wel geen voorbeelden van televisiestations die door een uitgever uit de grond zijn gestampt. De mogelijkheden staan hier echter nog maar in hun kinderschoenen. Met de opkomst van digitale televisie en televisietoestellen die ook op het net zullen surfen (verschillende hardwarebedrijven zoals Samsung en Phillips zijn hier volop mee bezig) zal deze cross-medialiteit opnieuw naar een platform herleid worden. Het is dan mogelijk om gewoon online televisie te bieden die door de gebruiker even gemakkelijk kan geraadpleegd worden als zijn tv-kanalen. Kijken op de computer hoeft dan niet meer en de kans dat dit allemaal op èèn platform zal geconsumeerd worden, is reëel. Dan kan alle omroepwetgeving in revisie.

Van controleren naar reguleren

De staat heeft het als controleur op de media lang niet makkelijk. Er komen steeds meer media bij die elk hun eigen praktische, technologische, juridische en politiek uitdagingen met zich meebrengen. De digitalisering zorgt enkel al op het vlak van auteursrechten voor enorm veel juridische discussie. In de praktijk leidt ze tot verschillende vormen van piraterij waar zo goed als niets aan kan worden gedaan. Het beste voorbeeld is de manier waarop artikels van journalisten zonder betaling of toestemming worden overgenomen door andere media of blogs. Eind 2009 werd ook in Frankrijk een Staten Generaal georganiseerd waar de problematiek van de auteursrechten veel aandacht kreeg. Daar werd gepleit voor een uniforme regeling voor papieren en digitale dragers; rechtszekerheid voor de uitgevers door een automatische overdracht van exploitatierechten en waarborgen voor de rechten van de journalisten. In Vlaanderen blijven tot nader order de verschillende organen een aanspreekpunt bij geschillen. De Vlaamse Mediaregulator probeert deze geschillen uit de rechtszaal te houden, maar zoals het actuele debacle met Google toont, is ook dit niet altijd mogelijk.

Op verschillende niveaus heersen er dus spanningsvelden waar een regulerende overheid de gulden middenweg moet proberen te bewandelen. De overheid moet vooreerst een voortdurend evenwicht zien te vinden tussen democratie en persvrijheid enerzijds en economische belangen anderzijds. Binnen de verschillende dimensies van haar beleid moet de overheid zowel beperkend als stimulerend te werk gaan. Bijvoorbeeld binnen de economische dimensie wil ze de printsector steunen via financiële maatregelen en voordelen voor de consument, maar anderzijds moet ze hier rekening houden met het feit dat te veel hulp aan de sector niet mag volgens Europese mededingingswetten. Soms begeeft de overheid zich dan ook in ambigue situaties. Zo komt ze met haar openbare omroep online ook in het vaarwater van de privésector en zit haar beleid inzake bijvoorbeeld digitale televisie tussen stimulans en oneerlijke concurrentie.

Door de diversiteit van het veld is het dus niet gemakkelijk om een eenduidig beleid uit te stippelen rond media en zeker niet rond nieuwe media. Alleen al het reguleren van de sector gaat gepaard met auteursrechten, mededingingsrechten en mediarecht. Het internet op zich is een medium dat in volle expansie is en dat nu stilaan haar ware capaciteiten begint te tonen. Binnenkort gaat heel het gebeuren dan nog eens draadloos en mobiel. De overheid als regulator wacht nog spannende tijden.

BIJLAGE

FLEET (**FLE**mish **E**-publishing **T**rends) is een vierjarig multidisciplinair onderzoeksproject naar Vlaamse en internationale e-publishing trends, dat wordt gefinancierd door het IWT in het kader van het programma ter ondersteuning van Strategisch Basisonderzoek (SBO). Centraal staat de veranderende rol van aanbieders en ontvangers van informatie in een gedigitaliseerde netwerkmaatschappij.

Het project biedt een grondige analyse van het medialandschap in Vlaanderen en over de grenzen, om zo te komen tot een duurzame strategie voor de Vlaamse media-industrie. Het project combineert onderzoekers uit verschillende disciplines, zoals journalistiek, mediastudies, economie, rechten, informatica en informatiekunde. In totaal werken zeven Vlaamse en twee Nederlandse researchcentra mee, onder coördinatie van IBBT-SMIT, VUB Brussel.

De werkzaamheden zijn onderverdeeld in vier centrale thema's:

1. mediaproductie en business modelling
2. media-inhouden en het veranderende beroep van de journalist;
3. informatiegebruikers: profielen en patronen
4. juridische implicaties en andere transversale thema's

Behoudens trendanalyses en doktoraatspistes besteed FLEET veel aandacht aan valorisatie van studieresultaten. Inzichten worden gedeeld en bediscussieerd op diverse workshops en conferenties. De projectwebsite www.fleetproject.be biedt een veelheid aan bronnen, samenvattingen en ook de uiteindelijke onderzoeksresultaten (rapporten, artikelen, papers en presentaties).

Naast wetenschappelijke publicaties in de vakbladen is er ook een reeks rapporten voor mediaprofessionals. Hierin verschijnen:

- Media sources go solo; the emerging practice of embedded publishing (augustus 2009)
- E-Publishing Trends; overzicht van de transformatie naar digitaal uitgeven (oktober 2009)

- Juridisch vademecum voor de digitale journalist (november 2009)
- Nieuwsprodusage in Vlaanderen. De plaats van gebruikersgegenereerd nieuws in de dagelijkse nieuwsbeleving (november 2009)
- Juridisch vademecum voor de actieve mediagebruiker (december 2009)
- Digital earning power; the search for viable e-publishing business models (december 2009)
- Kranten op papier en online, de beleving en visie van Vlaamse journalisten (januari 2010)
- P4; pleidooi voor een Public Peer Publishing Platform (februari 2010)
- Juridisch vademecum voor de digitale uitgever (februari 2010)
- De journalist van morgen. Uitdagingen voor de Vlaamse journalistieke opleidingen (februari 2010).
- Nieuwsmediabeleid voor Vlaanderen (maart 2010)
- E-publishing in perspectief; FLEET eindrapport (april 2010)

Printed in Great Britain by
Amazon.co.uk, Ltd.,
Marston Gate.